# 코바늘로 채우는
# 솜인형의 작은 옷장

# 코바늘로 채우는 솜인형의 작은 옷장

ⓒ 2025. 송승현 All rights reserved.

**1판 1쇄 발행** 2025년 5월 15일
**1판 2쇄 발행** 2025년 7월 18일

**지은이** 송승현
**펴낸이** 장성두
**펴낸곳** 주식회사 제이펍

**출판신고** 2009년 11월 10일 제406-2009-000087호
**주소** 경기도 파주시 회동길 159 3층 / **전화** 070-8201-9010 / **팩스** 02-6280-0405
**홈페이지** www.jpub.kr / **투고** submit@jpub.kr / **독자문의** help@jpub.kr / **교재문의** textbook@jpub.kr

**소통기획부** 김정준, 이상복, 안수정, 박재인, 박새미, 송영화, 김은미, 나준섭, 권유라
**소통지원부** 민지환, 이승환, 김정미, 서세원 / **디자인부** 이민숙, 최병찬

**기획** 배인혜 / **표지 및 내지 디자인** 이민숙
**용지** 타라유통 / **인쇄** 한길프린테크 / **제본** 일진제책사

**ISBN** 979-11-94587-07-1 (13590)
책값은 뒤표지에 있습니다.

※ 이 책은 저작권법에 따라 보호를 받는 저작물이므로 무단 전재와 무단 복제를 금지하며,
　이 책 내용의 전부 또는 일부를 이용하려면 반드시 저작권자와 제이펍의 서면 동의를 받아야 합니다.
※ 잘못된 책은 구입하신 서점에서 바꾸어드립니다.

---

제이펍은 여러분의 아이디어와 원고를 기다리고 있습니다. 책으로 펴내고자 하는 아이디어나 원고가 있는 분께서는
책의 간단한 개요와 차례, 구성과 지은이/옮긴이 약력 등을 메일(submit@jpub.kr)로 보내 주세요.

### 코바늘로 채우는
# 솜인형의 작은 옷장

10cm 솜인형을 꾸미는 47가지 코바늘 뜨개 패션 & 소품

**SOMSOMCo.Atelier(송승현)** 지음

※ 드리는 말씀
- 통용되는 단어 중 일부는 맞춤법이나 띄어쓰기 규정에 따르지 않고 저자의 입말을 살려 수록했습니다.
- 그림 도안에서 반복되는 과정의 일부는 가독성을 고려하여 생략하였으며, 생략된 부분은 글 도안의 팁으로 안내했습니다.
- 글 도안에서 반복되는 과정은 [ ]로 묶어서 표기하였습니다.
- 이 책에 실린 도안을 불법 복제하거나 판매하는 행위는 엄격하게 금지합니다.
  책의 전부 또는 일부를 사용하려면 반드시 저작권자와 제이펍의 서면 동의를 받아야 합니다.
- 책 내용과 관련된 문의사항은 지은이 혹은 출판사로 연락해 주시기 바랍니다.
  - 지은이: ssh7856@naver.com
  - 출판사: help@jpub.kr

## 머리말

10cm 솜인형은 비교적 최근에 등장한 인형의 한 종류입니다. 시중에 판매되는 의상이나 액세서리로는 내가 원하는 스타일을 완성하기가 쉽지 않았죠. 그래서 그동안 육일 인형들을 꾸미며 쌓아 온 경험을 바탕으로 직접 도안을 만들어 보기로 결심했고, 그렇게 시작한 뜨개질 도안이 많은 분들의 관심을 받았습니다.

저는 이 책을 통해 여러분이 상상했던 다양한 콘셉트와 의상으로 솜인형을 꾸밀 수 있도록 돕고 싶습니다. 또한, 하나의 도안을 익히면 그 안에서 도안을 응용할 수 있는 가능성이 무한하다는 점을 알려드리고 싶었습니다. 그래서 이 책을 구성할 때 다양한 응용 방법도 함께 소개하고자 노력했습니다. 실의 색상이나 재료의 변화는 물론, 앞이나 뒤에서 소개하는 다른 도안과 결합해 완전히 새로운 아이템을 만드는 등 다양한 응용 방법을 최대한 담았습니다.

가벼운 마음으로 시작한 작업이지만, '이런 응용도 가능하겠는데?', '저런 방법도 시도해 볼 수 있겠는데?'라고 아이디어가 떠오르면 고작 하나의 도안을 완성하는 데 꼬박 한 달이 걸리기도 했습니다. 이 책이 여러분이 원하는 의상을 만드는 데 실질적인 도움이 되길 바랍니다.

## 차 례

머리말 005 / 완성품 010 / 이 책을 보는 법 012

### CHAPTER 01
### 뜨개를 시작하기 전에

**BASIC 01** 내가 가진 인형 사이즈 재기 ·················· 015
    *이럴 땐 어떡하죠?* 줄자가 없어요 019

**BASIC 02** 코바늘 뜨개 재료 ·················· 020

**BASIC 03** 기초 코바늘 기법 ·················· 023

**BASIC 04** 코바늘 그림 도안을 보는 법 ·················· 030

### CHAPTER 02
### 초급 코바늘 도안

**LESSON 01** 사각 비니 ·················· 033
    HOW TO MAKE 사각 비니 034

**LESSON 02** 케이프 ·················· 039
    HOW TO MAKE 기본 케이프 040
    HOW TO MAKE 레이스 케이프 042
    *이럴 땐 어떡하죠?* 작은 인형 사이즈에 맞춘 케이프 046

**LESSON 03** 무용지물 귀도리 ·················· 047
    HOW TO MAKE 귀도리 밴드 048
    HOW TO MAKE 귀마개 050

**LESSON 04** 무엇이든 될 수 있는 헬멧 ·················· 053
    HOW TO MAKE 기본 헬멧 054
    HOW TO MAKE 귓구멍이 있는 헬멧 058

| LESSON 05 | 마음대로 조립하는 모자 ......................................................... **065** |
|---|---|

- HOW TO MAKE 기본 모자 머리 부분 **067**
- HOW TO MAKE 벙거지 챙 **070**
- HOW TO MAKE 볼캡 챙 **071**
- HOW TO MAKE 우비 모자 **073**
- HOW TO MAKE 꽃잎 모자 **078**
- HOW TO MAKE 귓구멍이 있는 모자 머리 부분 **082**
- 이럴 땐 어떡하죠? 정수리에 토끼 귀가 있어요 **088**

| LESSON 06 | 과일 꼭지 ......................................................... **089** |
|---|---|

- HOW TO MAKE 토마토 or 딸기 꼭지 **090**
- HOW TO MAKE 잎사귀 **091**

| LESSON 07 | 모자에 붙이는 동물 귀 ......................................................... **093** |
|---|---|

- HOW TO MAKE 쥐와 햄스터의 귀 **094**
- HOW TO MAKE 곰돌이 귀 or 개구리 눈 **095**
- HOW TO MAKE 고양이 귀 **096**
- HOW TO MAKE 강아지와 토끼의 귀 **097**
- HOW TO MAKE 사슴뿔 **098**

## CHAPTER 03
# 중급 코바늘 도안

| LESSON 08 | 카디건 ......................................................... **101** |
|---|---|

- HOW TO MAKE 기본 카디건 **102**
- HOW TO MAKE 베스트 **104**
- HOW TO MAKE 벨트 **105**
- HOW TO MAKE 카디건 단추 **106**
- 이럴 땐 어떡하죠? 몸통이 유난히 큰 인형을 위한 카디건 **108**

| LESSON 09 | 원피스 ......................................................... **109** |
|---|---|

- HOW TO MAKE 기본 원피스 **110**
- HOW TO MAKE 우아한 드레스 **112**
- HOW TO MAKE 심플한 실루엣 **114**
- 이럴 땐 어떡하죠? 원피스를 입히기 까다로운 인형 **119**

| **LESSON 10** | 우주복 | 121 |

HOW TO MAKE  우주복  122
HOW TO MAKE  멜빵바지  126
HOW TO MAKE  긴 티셔츠  128
이럴 땐 어떡하죠?  몸통이 큰 인형의 우주복  131

| **LESSON 11** | 과일 가방 | 133 |

HOW TO MAKE  귤 or 사과 가방  134
HOW TO MAKE  수박 or 도토리 뚜껑  136
HOW TO MAKE  딸기 or 도토리 몸통  138
HOW TO MAKE  문어 가방  141

| **LESSON 12** | 고깔모자 | 143 |

HOW TO MAKE  귓구멍이 있는 고깔모자  144
HOW TO MAKE  산타 모자  151
HOW TO MAKE  아이스크림콘  153

## CHAPTER 04
# 상급 코바늘 도안

| **LESSON 13** | 동물 귀 모자 | 157 |

HOW TO MAKE  고양이 귀 모자  158
HOW TO MAKE  토끼 귀 모자  163
HOW TO MAKE  개구리 눈 or 햄스터 귀 모자  165

| **LESSON 14** | 도넛 | 167 |

HOW TO MAKE  크림 도넛  168
HOW TO MAKE  심플한 도넛  172
HOW TO MAKE  튜브  173

| **LESSON 15** | 화분 | 175 |

HOW TO MAKE  화분  176
HOW TO MAKE  잎사귀 케이프  179
HOW TO MAKE  기본 보닛  181
HOW TO MAKE  해바라기 보닛  183
HOW TO MAKE  귓구멍이 있는 보닛  185

## 부록
## 대바늘 뜨개 맛보기

| BASIC 01 | 대바늘 뜨개 재료 | 189 |
| BASIC 02 | 기초 대바늘 기법 | 191 |
| BASIC 03 | 대바늘 그림 도안을 보는 법 | 198 |

**LESSON 01** 사각 비니 ······ 199
　　HOW TO MAKE　사각 비니　200

**LESSON 02** 기본 비니 ······ 203
　　HOW TO MAKE　앞뒤가 똑같은 비니(ver. 고무뜨기)　204
　　HOW TO MAKE　헤드밴드가 있는 비니 (ver. 메리야스뜨기)　210

**LESSON 03** 모자에 붙이는 동물 귀 ······ 215
　　HOW TO MAKE　고양이 귀　216
　　HOW TO MAKE　토끼 귀　217

함께한 인형　220　/　찾아보기　222

---

**잠깐!** 도안 업데이트 확인하기

이 책에 수록된 도안의 오류 사항은 다음의 QR 코드를 통해 확인할 수 있습니다.

## 코바늘 레슨 완성품

**LESSON 01** 사각 비니

**LESSON 02** 케이프

**LESSON 03** 무용지물 귀도리

**LESSON 04** 무엇이든 될 수 있는 헬멧

**LESSON 05** 마음대로 조립하는 모자

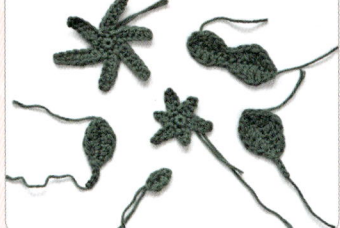
**LESSON 06** 과일 꼭지

**LESSON 07** 모자에 붙이는 동물 귀

**LESSON 08** 카디건

**LESSON 09** 원피스

## 코바늘 레슨 완성품

LESSON 10 — 우주복

LESSON 11 — 과일 가방

LESSON 12 — 고깔모자

LESSON 13 — 동물 귀 모자

LESSON 14 — 도넛

LESSON 15 — 화분

## 대바늘 레슨 완성품

LESSON 01 — 사각 비니

LESSON 02 — 기본 비니

LESSON 03 — 모자에 붙이는 동물 귀

## 이 책을 보는 법

이 책은 작품을 만드는 데 다양한 방법을 참고할 수 있도록, 글 도안과 그림 도안을 함께 수록했습니다.
단, 그림 도안에서 반복되는 과정의 일부는 가독성을 고려하여 생략하였으며, 생략된 부분은 글 도안의 팁(Tip)으로 안내했습니다.

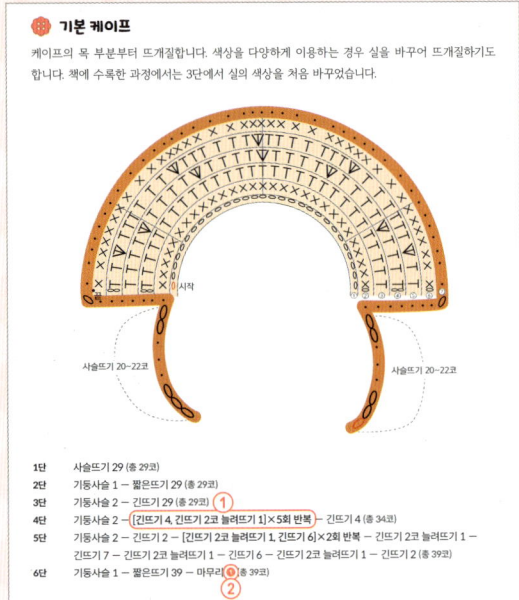

글 도안에서 반복되는 과정은 [ ]로 묶어서 표기하였습니다 ①.
글 도안의 옆에 있는 번호(①)를 보면 자세한 과정 설명을 확인할 수 있습니다 ②.

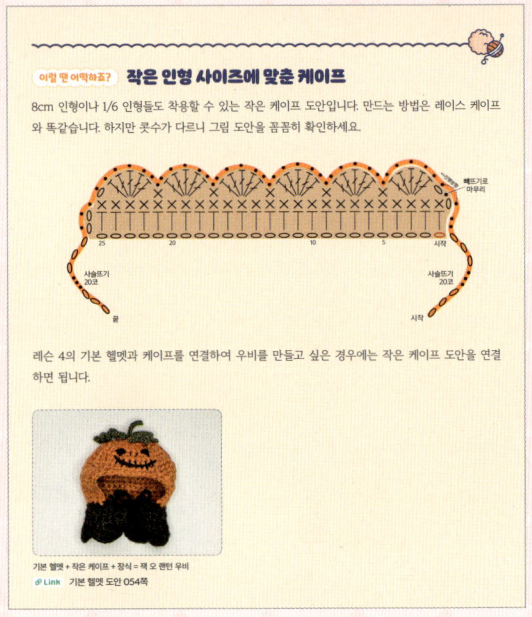

형태가 독특하거나 사이즈가 다른 솜인형을 위한 특별 도안을 수록했습니다.

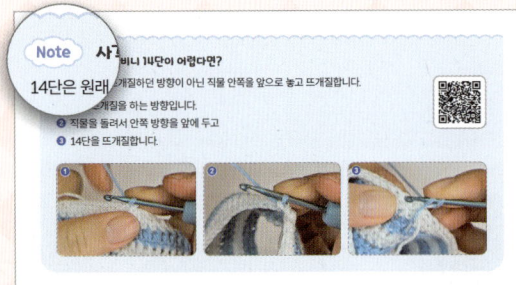

어려운 부분은 NOTE를 꼭 확인하세요.

특정 도안에서만 사용하는 뜨개질 기법도 곳곳에서 소개하고 있으니 놓치지 마세요.

# CHAPTER 01
## 뜨개를 시작하기 전에

## BASIC 01 내가 가진 인형 사이즈 재기

### 10cm 솜인형의 종류

10cm 솜인형은 대표적으로 동물 인형과 사람 인형이 있습니다. 대부분의 동물 인형은 일명 **불가사리 몸통**이라 불리는 짧은 팔다리 스타일이 많으며, 종종 앉아있는 모양의 몸통도 있습니다.

귀가 있는 동물 인형

사람 인형도 불가사리 몸통이 있지만, 팔다리를 움직일 수 있을 정도로 긴 바디를 갖는 형태도 있습니다. 이런 스타일은 10cm 인형이지만 사실상 총 길이가 12cm에 가깝게 측정되기도 합니다. 몸통이 긴 사람 인형은 뼈대 역할의 철사를 넣어 몸을 자유롭게 움직이기도 합니다.

불가사리 몸통의 사람 인형    팔다리가 긴 사람 인형

우리 책에서는 주로 불가사리 몸통을 가진 동물 인형의 의상을 만듭니다. 이 책에서 소개하는 도안은 머리를 장식하는 모자가 많지만, 팔다리가 긴 사람 인형도 충분히 착용할 수 있는 의상과 다른 사이즈에 적용할 수 있는 응용 방법을 함께 안내해 드립니다.

## 동물 인형의 사이즈 재는 법

여러분이 가지고 있는 솜인형을 꺼내 봅시다. 인형의 사이즈를 잴 때는 **줄자**를 이용하면 편리합니다. 동물 인형이라면 아래의 모델처럼 위에서부터 귀와 귀 사이의 거리, 머리 둘레, 목 둘레, 몸통 둘레를 측정합니다. 아래의 모델 인형의 사이즈를 예시로 들어보겠습니다. 동물 인형부터 살펴볼까요?

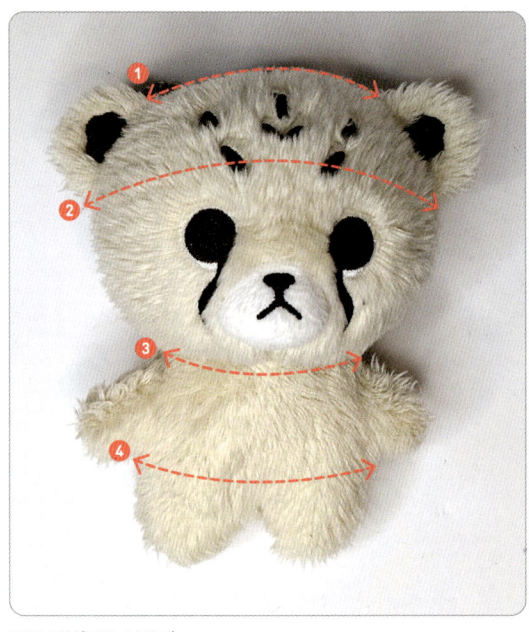

**인형 사이즈**
① 귀와 귀 사이 거리: 4.3cm
② 머리 둘레: 18.7cm
③ 목 둘레: 11.5cm
④ 몸통 둘레: 12cm

동물 인형(모델: 치타리)

이 외에도 우리 책에서 다루는 10cm 동물 인형의 평균적인 사이즈는 아래와 같습니다.

- 머리 둘레: 18.5~21cm
- 귀와 귀 사이 거리: 2~4cm
- 목 둘레: 11~13cm
- 몸통 둘레: 12~15cm

동물 인형의 머리 둘레는 대략 18.5cm~21cm 정도입니다. 간혹 머리 둘레가 약 16.5cm인 작은 인형도 있지만 우리 책에서 다루는 뜨개 도안은 **머리 둘레 약 19cm**를 기준으로 설명합니다.

귀가 있는 동물 인형은 귀의 크기, 모양, 위치가 제각각입니다. 따라서 귀와 귀 사이의 거리가 어느 정도인지 미리 확인하는 편이 좋습니다. 동물 인형의 모델처럼 불가사리 몸통이라면 팔 길이와 다리 길이를 측정하는 것은 큰 의미가 없습니다. 팔다리가 너무 짧아서 도안에 큰 영향을 주지 않기 때문입니다.

## 🏵 사람 인형의 사이즈 재는 법

이번에는 사람 인형입니다. 사람 인형 중에서 특히 불가사리 몸통이 아니라 몸의 모양을 제대로 갖춘 스타일이라면 몸 비율과 사이즈를 잘 고려해야 합니다.

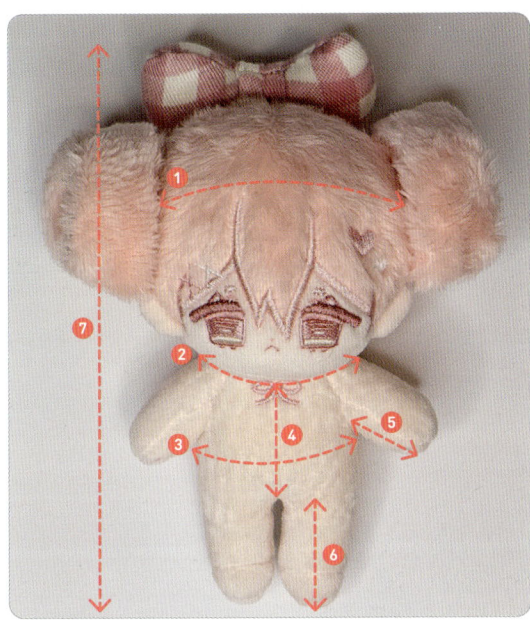

사람 인형(모델: 미니핑크미네)

**인형 사이즈**

① 머리 둘레: 20.2cm

모델 인형은 귀가 머리의 옆에 달려있는 모양이기 때문에 귀를 최대한 꽉 접어 사이즈를 쟀습니다.

② 목 둘레: 10.2cm
③ 몸통 둘레: 12.1cm
④ 몸통 길이: 3cm
⑤ 팔 길이: 2cm
⑥ 다리 길이: 3cm
⑦ 전체 키: 12.5cm

이 외에도 우리 책에서 다루는 10cm 사람 인형의 평균적인 사이즈는 아래와 같습니다.

- 머리 둘레: 18~21cm
- 목 둘레: 10~13cm
- 몸통 둘레: 12~13cm
- 몸통 길이: 3~3.5cm
- 팔 길이: 2~3cm
- 다리 길이: 2~3cm
- 전체 키: 10~14cm

전체 키가 12cm 가까이 되는 사람 인형은 몸통의 길이가 옷을 만들 때 큰 영향을 줍니다. 따라서 의상을 잘 맞게 만들려면 몸통 길이를 알아야 합니다. 일반적으로 불가사리 몸통을 위한 옷은 짧게 만들어집니다. 따라서 사람 인형의 의상을 만들 때에는 기장을 조금 더 길게 하면 됩니다. 이처럼 10cm 인형이라 해서 모두 같은 사이즈가 아니니, 자신의 인형의 상세 사이즈를 꼭 확인해보세요!

> **Note** **사람 인형은 몸통 스타일에 따라 구분한다**
>
> 원피스 또는 우주복처럼 몸통을 감싸며 모양을 제대로 갖추는 도안의 경우, 불가사리 몸통은 소매를 만들고 바지나 치마 부분을 만들 때 사이에 들어가는 허리 부분을 한두 개의 단으로 만들면 해결되나, 몸의 모양을 제대로 갖춘 사람 인형은 다섯 단 혹은 여섯 단까지 추가하여 뜨개질합니다.
>
>
>
> 불가사리 인형의 우주복 vs 몸통을 제대로 갖춘 인형의 우주복

## 이럴 땐 어떡하죠? 줄자가 없어요

인형의 사이즈를 측정하고 싶은데 당장 줄자가 없다면 집에 있는 리본을 활용해 봅시다. 단, 줄자는 없더라도 일반 자는 필요합니다. 둘레를 알아야 할 곳을 리본으로 둘러서 잰 뒤, 리본의 길이를 자에 대어 확인합니다.

머리 둘레는 가장 뚱뚱한 부분을 기준으로 측정합니다.

목 둘레도 측정합니다.

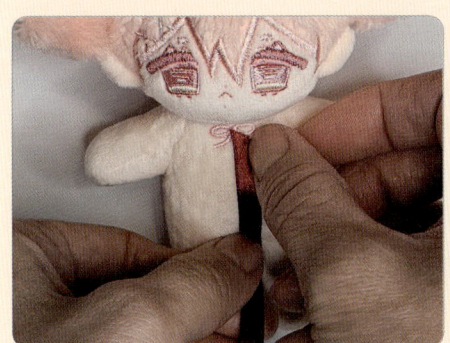

몸통의 길이를 측정합니다.

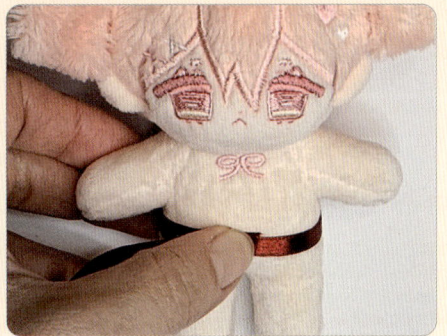

몸통 둘레는 머리 둘레처럼 가장 두꺼운 부분을 기준으로 측정합니다.

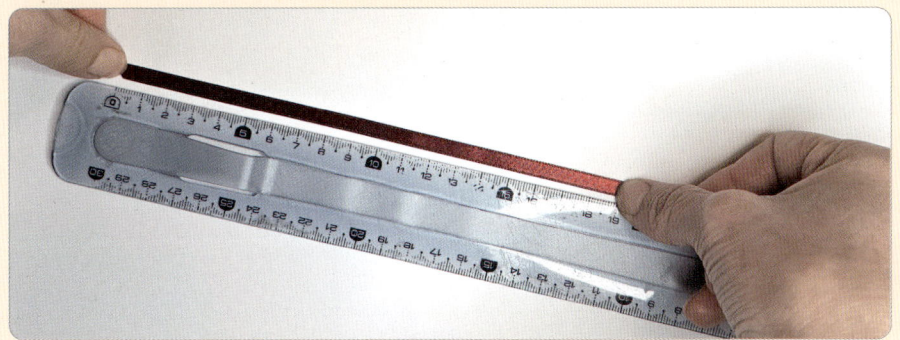

각 둘레의 길이는 사이즈를 측정했던 리본을 자에 대어 확인합니다.

# BASIC 02 코바늘 뜨개 재료

## 코바늘 뜨개를 위한 준비물

이 책에서 사용하는 뜨개질 재료를 소개합니다. 이 책은 187쪽에서 대바늘 뜨개도 일부 소개하고 있지만 주로 코바늘 뜨개를 주로 설명합니다. 여러분도 손뜨개가 처음이라면 비교적 더 쉬운 코바늘로 먼저 연습해 보시기를 추천합니다.

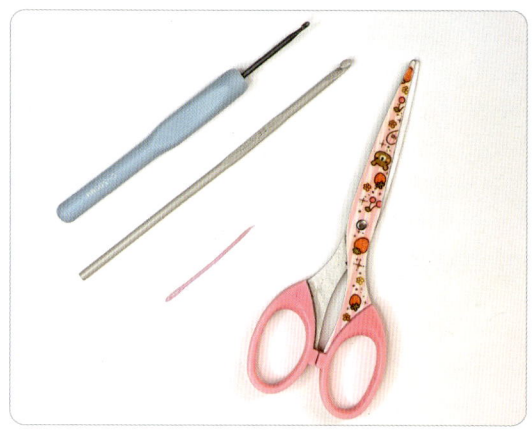

코바늘 3.0mm, 코바늘 4.0mm, 돗바늘, 가위, 실

## 코바늘 이해하기

처음 뜨개질에 입문한다면 코바늘, 대바늘, 실의 종류와 그 외의 뜨개 도구까지 한 번에 이해하기 어려울 수도 있습니다. 우선, 코바늘의 개념부터 천천히 살펴볼까요? 코바늘은 바늘 끝이 우리가 일반적으로 생각하는 뾰족한 모양이 아니라, 갈고리 모양처럼 휘어진 형태입니다. 이 갈고리에 실을 걸고 실 가닥 사이로 빼내면서 뜨개코를 만듭니다. 갈고리 모양으로 휘어지는 바늘의 굵기는 사이즈(호수)에 따라 다르며 숫자가 커질수록 바늘도 굵어집니다.

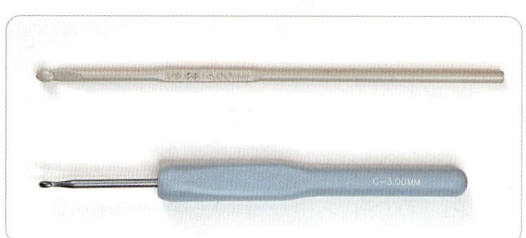

얇은 실에는 얇은 바늘을 사용하며 굵은 실에는 굵은 바늘을 사용합니다. 가장 일반적인 코바늘의 사이즈는 2.0mm부터 6.0mm까지 있으며, 이보다 더 얇은 실을 끼우는 레이스용 코바늘 그리고 이와 반대로 7.0mm 이상의 훨씬 더 큰 점보 코바늘까지 코바늘의 사이즈는 뜨개 목적에 따라 다양합니다. 우리 책에서는 3.0mm 와 4.0mm 총 2가지의 코바늘만 사용합니다.

| 코바늘 사이즈 (International) | 한국/일본 | 미국/영국 |
| --- | --- | --- |
| 3.0mm | 5/0호 | 2.75mm = C-2 (미국)<br>3.25mm = D-3 (미국)<br>해당 사이즈 없음 (영국) |
| 4.0mm | 7/0호 | G-6 (미국) / 8 (영국) |

## 실 고르기

코바늘에 사용하는 뜨개 실의 종류는 매우 다양합니다. 실의 종류는 소재(양모, 면, 마 등)에 따라 나누기도 하며 모양에 따라 나누기도 합니다. 이 책에서 사용한 실의 세부 내역은 아래와 같습니다.

- 100% 면 8/4 (50g) OEKO TEX 인증
- 10×10cm: 28코 / 38단
- 코바늘: 2.5~3.0mm

> **Note  얇은 실을 겹쳐서 두꺼운 실로 만들자**
>
> 4.0mm 코바늘로 뜨개질할 때, 따로 4.0~5.0mm 바늘용 실을 구입하지 않고, 3.0mm 바늘로 뜨개질했을 때 사용한 실을 2가닥으로 합쳐 뜨개질하는 방법도 있습니다. 우리 책에서 소개하는 도안은 여러 두께의 실을 구매하거나 정확한 두께의 실을 찾는 수고를 덜기 위해 3.0mm 바늘용 실을 2가닥으로 사용하는 방법도 추천합니다.

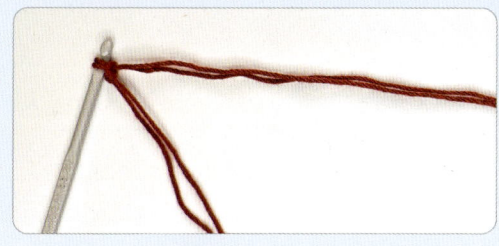

## 코바늘 뜨개의 게이지 계산하기

게이지(Gauge)란, 일반적으로 10cm 평방 안에 들어가는 콧수와 단수를 말합니다. 실의 굵기와 그에 어울리는 바늘 굵기, 또한 뜨는 사람의 손놀림이 어떤가에 따라 게이지가 달라집니다. 게이지 계산은 대바늘 뜨기를 기본으로 하며, 코바늘 뜨기로 게이지를 계산하지는 않습니다. 그래도 구입하는 뜨개실에 게이지가 명시된 경우가 있으니 코바늘 뜨개에서도 게이지를 참고할 수는 있습니다. 다만 초보자라면 아직은 게이지 계산까지 신경쓰지 않고, 일단 기법을 직접 익히면서 감을 잡는 편이 더 효율적입니다.

## 코바늘을 쥐는 법

우리 책의 뜨개 기법은 오른손에 코바늘을 쥐는 방식을 기준으로 설명합니다. 코바늘을 쥘 때는 항상 바늘 끝의 갈고리가 바닥쪽(아래)을 향하게 쥐어야 합니다. 그래야 실을 걸거나, 직물의 코에 바늘을 끼워 넣을 때 갈고리의 방향 때문에 불편하지 않습니다.

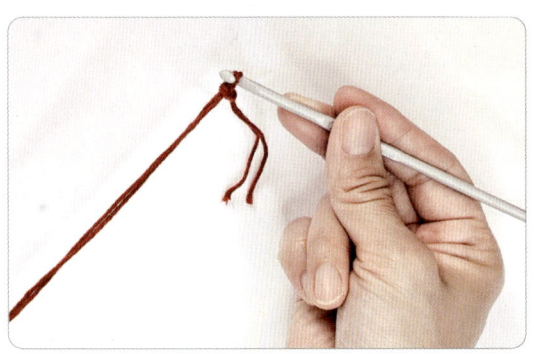

## BASIC 03 기초 코바늘 기법

### 코 만들기

우선 가장 기초적인 뜨개 기법을 배워보겠습니다. 우리 책은 오른손에 코바늘을 쥐고, 왼손으로 실을 잡는 방식으로 설명합니다. 코바늘 뜨개의 첫 단추인 코 만들기부터 시작해 볼까요?

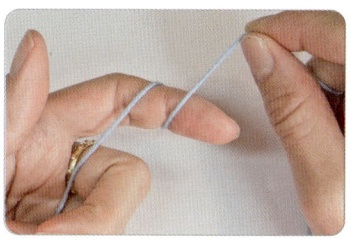
1 왼손의 새끼 손가락과 약지로 실을 잡고, 검지 손가락에 실을 한 바퀴 감아 줍니다.

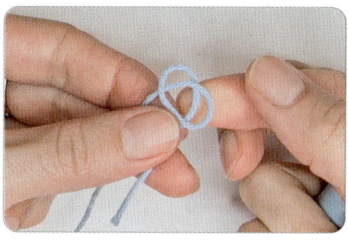
2 고리를 유지하면서 검지를 빼고, 고리의 뒤쪽에서 앞으로 실을 넣어서 매듭을 쥐고 앞으로 끄집어 냅니다.

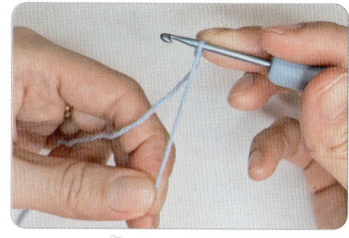
3 바늘을 고리에 걸고 어느 쪽 실이나 당겨서 바늘에 고정하여 코를 완성합니다.

 **Tip** 처음 코 만들기를 한다면, 2번 과정에서 너무 타이트하거나 널널하게 매듭이 지어질 수 있습니다. 3번 과정에서 실을 적당히 당기면 고리의 크기를 조절할 수 있습니다.

### 실 잡기

이제 왼손에 실을 거는 방법을 연습해 봅니다. 새로 만든 코에 코바늘을 걸고 뜨개를 시작하기 전의 준비 자세입니다. 뜨개를 하면서 실타래의 실이 자연스럽게 풀릴 수 있도록 왼손에 실을 거는 방법을 연습해 보겠습니다.

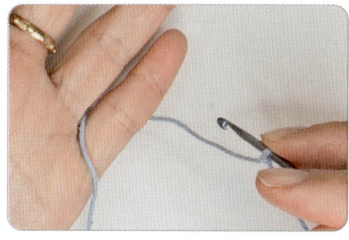
1 코에 바늘을 걸어서 고정하고, 실타래 쪽의 실을 왼손의 새끼손가락에 한 바퀴 돌려서 걸어 줍니다.

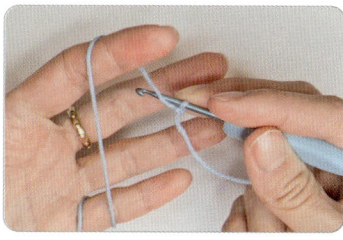
2 검지에 실을 걸고 실을 적당히 당깁니다.

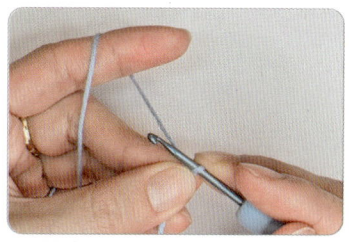
3 엄지와 중지로 코의 끝부분을 잡으면 코바늘 뜨개질을 시작할 준비가 되었습니다.

## 사슬뜨기 ○ ○

사슬뜨기(Chain Stitch: ch)는 코바늘 뜨기에서 가장 기초적인 기법입니다. 일반적으로 코바늘 뜨개질을 시작할 때 사슬뜨기가 기초코가 되기도 하며, 새로운 단을 만들 때 기둥코가 되기도 합니다. 사슬뜨기만으로도 끈을 만들어 가방에 달거나 여러 장식으로 사용할 수도 있습니다.

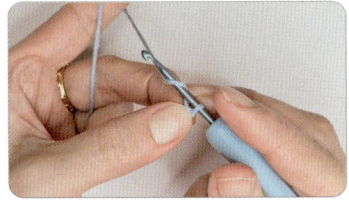 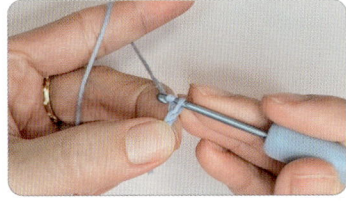 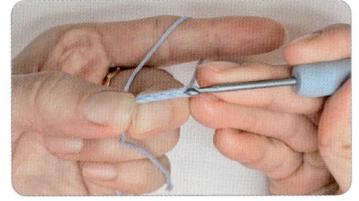

1 바늘로 왼쪽 검지에 걸린 실을 앞에서 뒤로 누르듯이 한 바퀴 돌립니다.

2 바늘 끝에 실을 걸어서 고정하고, 실 고리 사이로 뺍니다.

3 실 끝을 당겨서 고리를 조입니다. 사슬코가 만들어졌습니다.

 대부분의 뜨개 기법들은 사슬뜨기로 만드는 기초코가 없으면 뜰 수가 없습니다. 따라서 사슬뜨기는 반드시 익혀야 하는 기본 중의 기본입니다.

## 짧은뜨기 × +

짧은뜨기(Single Crochet: sc)는 코바늘 뜨기에서 많이 사용하는 기법으로, 실을 한 번만 걸어서 뜨개질합니다. 코의 높이는 사슬뜨기 1개와 동일하며, 짧은뜨기를 시작하려면 우선 우선 사슬뜨기로 뜨개질한 기둥코가 있어야 합니다. 짧은뜨기는 우리 책의 도안에서 가장 많이 활용하는 기법으로 꼭 익혀 두세요.

기둥코 사슬 1코

1 뜨개질을 할 코에 바늘을 넣고,

2 바늘을 실에 걸어서 끄집어 냅니다.

3 바늘에 2가닥의 실이 걸려 있는지 확인하고, 다시 바늘에 실을 걸어 한꺼번에 끄집어 냅니다.

## 원형코로 시작하기

원형코(Magic Ring)는 직물을 원형으로 만들 때 사용하는 방법으로 매직링이라고도 부릅니다. 우리 책에서는 모자를 만들 때 자주 사용합니다.

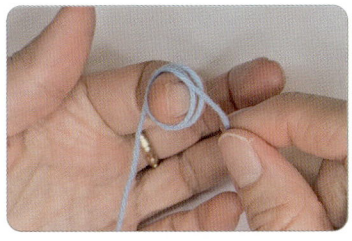

1 왼손 검지에 실을 두 번 감아 동그랗게 만듭니다.

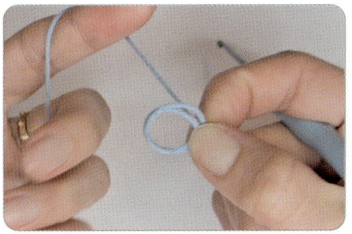

2 동그란 모양을 유지하며 오른손에 잠시 쥐어 줍니다.

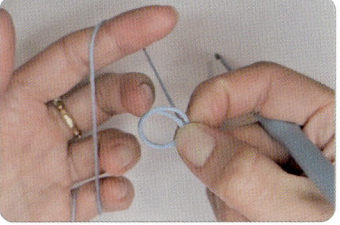

3 왼손 새끼손가락에 실타래 쪽의 실을 한바퀴 걸고, 검지에 실을 고정합니다.

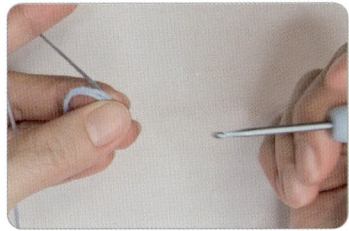

4 다시 왼손으로 옮깁니다. 이때 중지와 엄지로 동그란 모양을 유지합니다.

5 바늘을 고리 안쪽에 밀어 넣고,

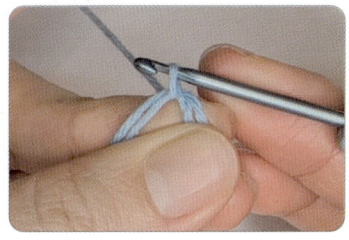

6 실을 걸어 고리의 앞쪽으로 끄집어 냅니다.

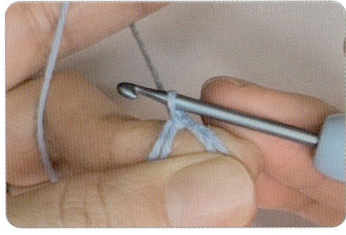

7 이 상태로 사슬뜨기를 1번 합니다. 여기까지가 원형코의 시작입니다.

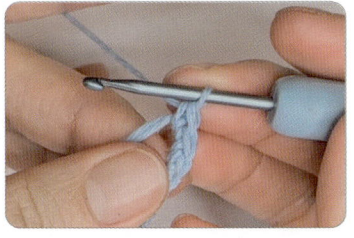

8 이어서 원형 고리를 따라 짧은뜨기를 하여 뜨개질을 시작합니다.

> **Note** 뜨개질을 시작할 때, 기둥이 되는 사슬뜨기 콧수 정하기
>
> 뜨개질을 시작할 때, 어떤 기법을 사용하느냐에 따라 기둥코가 되는 사슬뜨기(기둥사슬)가 몇 번 필요할지 달라집니다. 원형코에서 짧은뜨기로 시작하는 위 과정과 달리, 예를 들어 긴뜨기로 시작하려면 사슬뜨기를 2개 만들고 시작해야 합니다. 만약 원형코에서 한길긴뜨기로 시작하려면 사슬뜨기 3개를 만들어야 시작할 수 있습니다. 뜨개질을 시작할 때 기둥사슬을 몇 코를 떠야 하는지 확인하세요.
>
>  우리 책의 도안에서는 코 갯수를 셀 때 기둥코는 포함하지 않습니다.

## 한길긴뜨기

한길긴뜨기(Double Crochet: dc)는 실을 두 번 걸어 뜨개질하는 방법입니다. 우리 책에서는 꽃잎을 만들거나 과일 꼭지를 만들 때, 원피스의 치마를 만들 때 사용합니다. 한길긴뜨기 코의 높이는 사슬뜨기 3개와 같으므로, 한길긴뜨기를 할 때는 기둥코를 사슬뜨기 3코로 만듭니다.

1 기둥코인 사슬뜨기 3코를 만듭니다.

2 바늘을 실에 걸고서 뜨개질을 할 코에 바늘을 넣습니다.

3 실을 다시 걸고 사슬뜨기 2코 높이로 실을 빼냅니다.

4 실을 걸고 바늘에 걸린 실 3가닥 중 앞쪽의 2가닥에 한꺼번에 통과해서 뺍니다.

5 다시 실을 겁니다.

6 남은 2가닥을 한꺼번에 통과시켜 한길긴뜨기 1코를 완성합니다.

## 긴뜨기 T

긴뜨기(Half Double Crochet: hdc)는 한길긴뜨기와 비슷하지만, 실을 두 번에 나누어 통과하지 않고 한꺼번에 통과시키는 기법입니다. 그래서 영문도 한길긴뜨기(Double Crochet)의 반절(half)이라는 뜻을 가지고 있습니다. 긴뜨기의 코의 높이는 사슬뜨기 2개와 같으므로, 긴뜨기를 할 때는 기둥코를 사슬뜨기 2코로 만듭니다.

 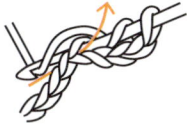  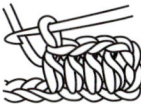

1 먼저 기둥코로 사슬뜨기 2코를 뜹니다.

2 뜨개질할 코에 바늘을 넣습니다.

3 바늘에 실을 걸어 끄집어 냅니다.

4 바늘에 실이 3가닥 걸린 모습입니다.

5 다시 바늘에 실을 걸고, 이미 걸려있는 3가닥의 실을 한꺼번에 통과합니다.

6 긴뜨기 1코를 완성했습니다.

##  빼뜨기 ●

빼뜨기(Slip Stitch: sl st)는 뜨개를 시작하거나 마무리를 할 때 보조하는 기법입니다. 도안에 '빼뜨기로 연결'이라고 적혀 있으면 '이번 단의 마지막 코를 이번 단의 첫 코와 연결하여 단을 마무리하라'는 뜻입니다. 다른 방법으로는 직물의 가장자리를 따라 빼뜨기를 하면 뜨개 직물의 끝부분을 좀 더 깔끔하게 마무리할 수 있습니다. 또한 실 색상을 바꿔서 작품에 장식을 다는 용도로 활용할 수 있으므로 빼뜨기는 무척 활용도가 높은 기법입니다.

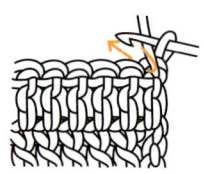 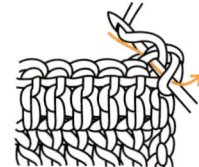 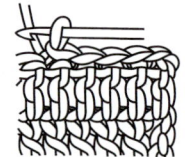

**1** 기둥코를 새로 만들지 않고 바로 뜨개질을 해야 할 코에 바늘을 넣습니다.

**2** 실을 걸고 코를 고리까지 한 번에 빼냅니다.

**3** 빼뜨기 1코를 완성했습니다.

##  짧은뜨기 2코 늘려뜨기

짧은뜨기 2코 늘려뜨기(2sc in 1st)는 간단합니다. 일반적인 짧은뜨기를 하고서 코를 늘려야 할 코(방금 짧은뜨기를 한 코)에 다시 바늘을 넣어서 뜨개질합니다. 우리가 연습할 짧은뜨기 2코 늘려뜨기는 우리 책의 도안에서 자주 사용하는 뜨개질 기법입니다.

**tip** 짧은뜨기 2코 늘려뜨기는 짧은뜨기 2코 넣어뜨기라고도 부릅니다.

**1** 먼저 짧은뜨기를 1코 만듭니다.

**2** 짧은뜨기를 진행한 같은 코에 바늘을 넣습니다.

**3** 이대로 짧은뜨기를 하면 1코가 늘어납니다.

##  마무리하기(실 묶기)

마무리를 하는 방법은 뜨개질 기법처럼 정해진 것은 없습니다. 사슬뜨기를 한 번 더 해서 매듭을 짓는 사람도 있고, 실을 적당량 남기고 묶어서 마무리하기도 합니다. 이 책에서는 최대한 깔끔하게 마무리하는 방법을 보여 드립니다.

**1** 원형 직물을 마무리할 때는 단의 마지막에서 해당 단의 첫 번째 코에 빼뜨기로 연결합니다.

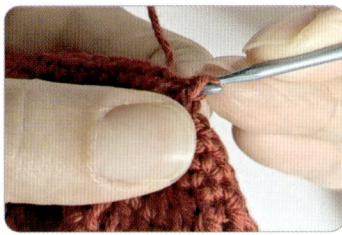

**2** 빼뜨기한 코를 쭉 빼냅니다.

**3** 작품의 모양이 망가지지 않도록 잡고서 실을 길게 늘립니다.

**4** 길게 늘린 실을 가위로 자릅니다.

**5** 작품을 살짝 뒤집어 안쪽에서 바늘을 넣어서 자른 실을 끄집어 냅니다(바깥쪽으로 나와 있던 실이 안쪽으로 튀어나옵니다.).

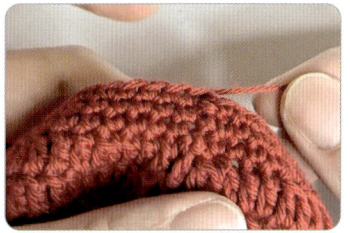

**6** 잘 잡아당겨서 안쪽에 고정합니다.

 원형 직물이 아니라면 마지막 코를 뜨개질하고 빼뜨기를 한 다음에 2번 과정부터 진행합니다.

---

 **다양한 코바늘 기법을 살펴보자**

이 책의 여러 도안에서 사용하는 그 외의 알아두면 유용한 코바늘 기법들의 영상을 준비했습니다. 코바늘 뜨개를 하는 여러 방법을 살펴보세요.

## BASIC 04 코바늘 그림 도안을 보는 법

◯ : 주의사항이나 뜨개질 순서는 색깔로 표현했습니다.

**1. 상의 부분**

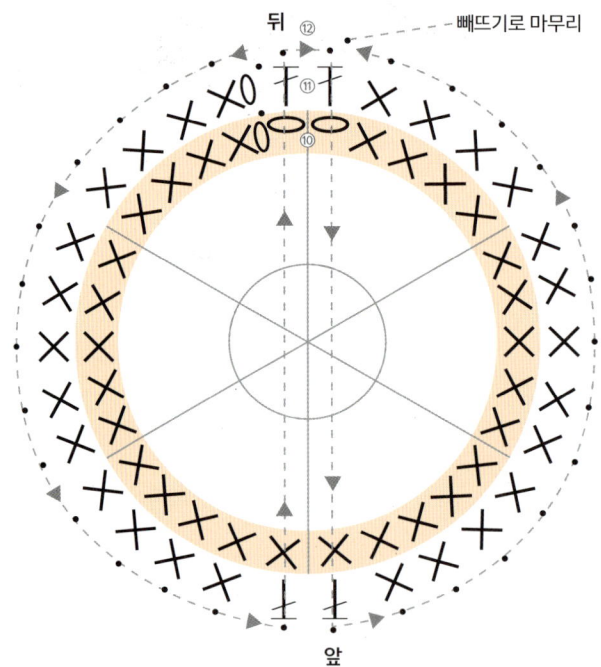

**2. 하의 부분**

완성된 의상의 앞/뒤를 표시해 두었습니다.

· CHAPTER 02 ·

# 초급
# 코바늘 도안

# 사각 비니

가장 간단하게 만들 수 있는 사각 비니를 소개합니다.
색상을 다르게 배치하거나 다양한 소재의 실을 사용하여 고양이 모자를 만들어 보세요.

### • READY •

**실:** 면 50g (약 160m) 2.5~3.0mm 바늘용
**게이지:** 28코×38단 (2.5~3.0mm 바늘, 10×10cm 메리야스 무늬)
**바늘:** 코바늘 3.0mm (5/0호)
**인형 사이즈:** 10cm 인형 (머리 둘레 19~21cm)

 **사각 비니**

## 사각 비니

모자의 위쪽부터 아래쪽 방향으로 뜨개질을 하고 모자의 머리 부분을 막아서 비니를 완성합니다. 비니 모양이 잘 갖춰지도록 모자가 접히는 부분에서 뜨개질 방향이 바뀝니다.

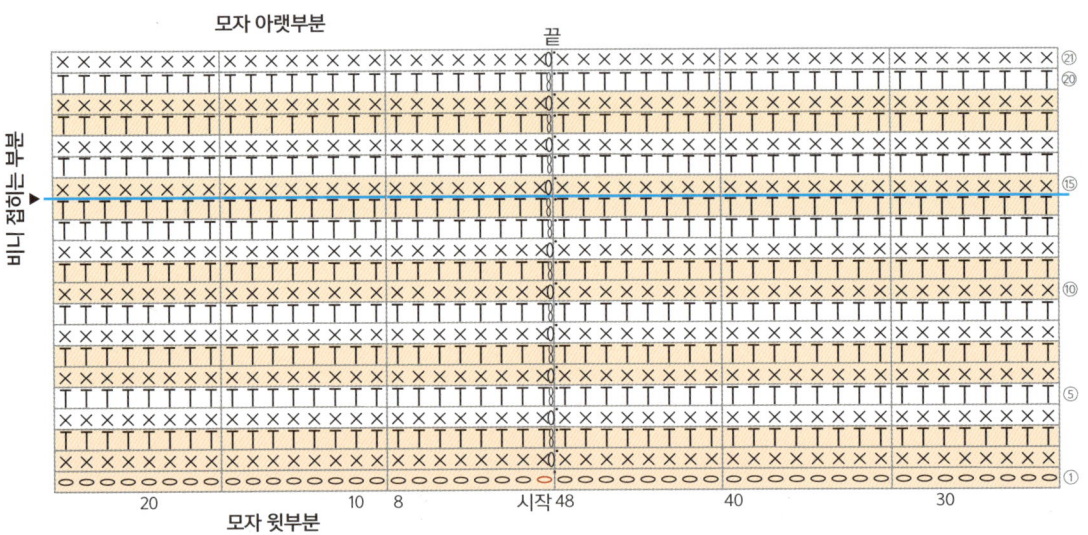

| 1단 | 사슬뜨기 48코 — 빼뜨기로 연결 ❶ |
| --- | --- |
| 2단 | 기둥사슬 1 — 짧은뜨기 48 — 빼뜨기로 연결 (총 48코) ❷ |
| 3단 | 기둥사슬 2 — 긴뜨기 48 — 빼뜨기로 연결 (총 48코) ❸ |
| 4~13단 | 2~3단을 반복 ❹ |
| 14단 | 기둥사슬 1 — 긴뜨기 48 — 빼뜨기로 연결 (총 48코) (뒤집어서 반대 방향으로) ❺ |
| 15단 | 기둥사슬 1 — 짧은뜨기 48 — 빼뜨기로 연결 (총 48코) |
| 16단 | 기둥사슬 2 — 긴뜨기 48 — 빼뜨기로 연결 (총 48코) |
| 17~20단 | 15~16단을 반복 |
| 21단 | 기둥사슬 1 — 짧은뜨기 48 — 빼뜨기로 연결 (총 48코) ❻ |

마무리 후 한쪽을 꿰매어 완성합니다.

• HOW TO MAKE •

1단을 만들고 첫 코에 빼뜨기하여 연결합니다.

2단까지 완성한 모습

3단까지 완성한 모습

4~13단은 2단과 3단을 반복합니다.

14단은 아래 Note를 보고 만들어 보세요.

21단까지 완성한 모습

> **Note** 사각 비니 14단이 어렵다면?
>
> 14단은 원래 뜨개질하던 방향이 아닌 직물 안쪽을 앞으로 놓고 뜨개질합니다.
>
> ❶ 원래 뜨개질을 하는 방향입니다.
> ❷ 직물을 돌려서 안쪽 방향을 앞에 두고
> ❸ 14단을 뜨개질합니다.

035

## 🌸 비니 머리 부분 연결

코바늘로 뜨개질을 하여 비니의 머리 부분을 연결하여 모자를 완성합니다.

1 연결 부분이 가운데로 오도록 모자를 접습니다.

2 모자의 앞면이 왼쪽으로 오도록 잡고 오른쪽 끝부분 코에서 시작합니다.

3 코바늘로 뜨개질하여 연결하기 위해 실을 넣은 모습

4 맞은편에 있는 코에 바늘을 넣어

5 짧은뜨기를 합니다.

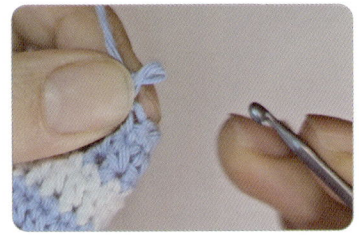

6 코에서 바늘을 빼고, 코가 풀리지 않도록 왼손으로 잘 잡아주세요.

7 오른쪽 다음 코에 바늘을 넣어

8 왼손에 잡고 있는 코를 끄집어 냅니다.

9 다시 왼편의 다음 코에 바늘을 넣어 짧은뜨기를 하며 이어나갑니다.

• HOW TO MAKE •

모자의 윗부분을 연결하기 전 모습

모자의 윗부분을 연결하여 완성한 모습

> **Note** **더 쉽게 머리 부분을 연결하자**
>
> 코바늘로 뜨개질을 하지 않아도 돗바늘을 사용하여 바느질하듯 꿰매어 완성할 수 있습니다. 왼쪽은 돗바늘로 마무리한 모습(분홍색)이고 오른쪽은 코바늘로 뜨개질하여 마무리한 모습(하늘색)입니다.

## LEVEL UP

13단까지 뜨개질한 뒤, 챙을 달아서 모자 타입을 변경해 보세요.

🔗 Link  벙거지 스타일 모자 챙 070쪽

🔗 Link  볼캡 스타일 모자 챙 071쪽

실의 배색을 바꾸거나 실 재질을 바꾸면 다른 분위기를 연출할 수 있습니다. 1단을 만들 때, 인형 머리 둘레에 맞추어 코 갯수를 줄이거나 늘려서 시작하면 어떤 머리 크기라도 적용하여 만들 수 있습니다.

**LESSON 02**

# 케이프

가장 쉽게 인형을 꾸밀 수 있는 아이템, 케이프를 소개합니다!
다양한 색상을 조합하여 인형을 요정, 마법 소녀, 공주님, 임금님으로 꾸며 보세요.
겨울 아이템과 함께 매치하면 겨울 나기를 준비할 수 있답니다.

**▶ READY ◀**

**실:** 면 50g (약 160m) 2.5~3.0mm 바늘용
**게이지:** 28코×38단 (2.5~3.0mm 바늘, 10×10cm 메리야스 무늬)
**바늘:** 코바늘 3.0mm (5/0호)
**인형 사이즈:** 10cm 인형 (목 둘레 11~13cm)

 **기본 케이프**

### 🌸 기본 케이프

케이프의 목 부분부터 뜨개질합니다. 색상을 다양하게 이용하는 경우 실을 바꾸어 뜨개질하기도 합니다. 책에 수록한 과정에서는 3단에서 실의 색상을 처음 바꾸었습니다.

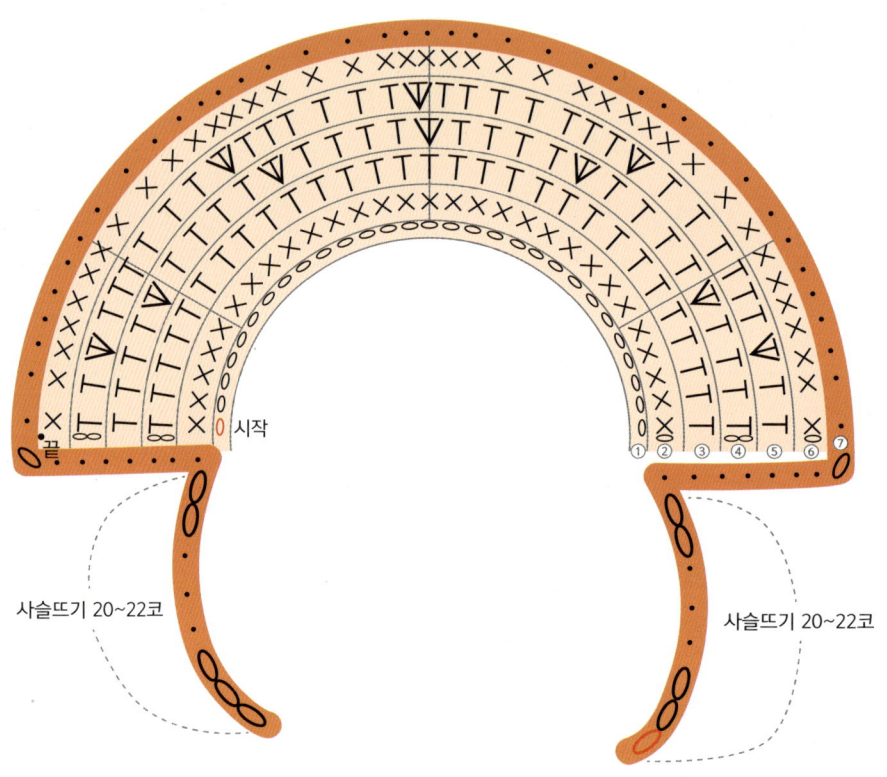

| 1단 | 사슬뜨기 29 (총 29코) |
|---|---|
| 2단 | 기둥사슬 1 — 짧은뜨기 29 (총 29코) |
| 3단 | 기둥사슬 2 — 긴뜨기 29 (총 29코) |
| 4단 | 기둥사슬 2 — [긴뜨기 4, 긴뜨기 2코 늘려뜨기 1]×5회 반복 — 긴뜨기 4 (총 34코) |
| 5단 | 기둥사슬 2 — 긴뜨기 2 — [긴뜨기 2코 늘려뜨기 1, 긴뜨기 6]×2회 반복 — 긴뜨기 2코 늘려뜨기 1 — 긴뜨기 7 — 긴뜨기 2코 늘려뜨기 1 — 긴뜨기 6 — 긴뜨기 2코 늘려뜨기 1 — 긴뜨기 2 (총 39코) |
| 6단 | 기둥사슬 1 — 짧은뜨기 39 — 마무리 ❶ (총 39코) |

## 🎀 케이프 끈

6단까지 뜨개질한 상태에서 ❶, 새로운 실로 사슬뜨기 20코를 만든 후, 케이프의 목 부분 모서리에 연결하여 ❷ 가장자리를 따라 아래쪽으로 빼뜨기 7 ❸ 모서리에서 사슬뜨기 1 ❹ 아래쪽 가장자리를 따라 빼뜨기 39 — 사슬뜨기 1 — 빼뜨기 7 — 사슬뜨기 20 — 마무리 ❺

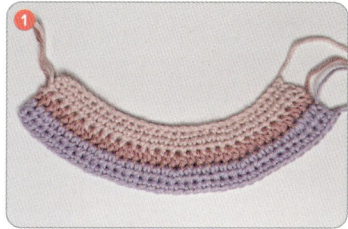
6단까지 뜨개질한 모습

케이프의 왼쪽 모서리에 빼뜨기하여 연결합니다.

가장자리를 따라 빼뜨기합니다.

모서리 부분에 사슬뜨기 1코를 만들어 각이 지는 부분에 여유를 줍니다. 반대편도 똑같이 사슬뜨기 1코를 잊지 마세요.

케이프를 완성하고 리본을 묶은 모습

 # 레이스 케이프

## 레이스 케이프

기본 케이프와 마찬가지로 목 부분부터 뜨개질합니다. 색상을 다양하게 이용하려면 실의 색상을 바꾸어 뜨개질하기도 합니다. 이번에도 3단에서 실의 색상을 바꾸었습니다.

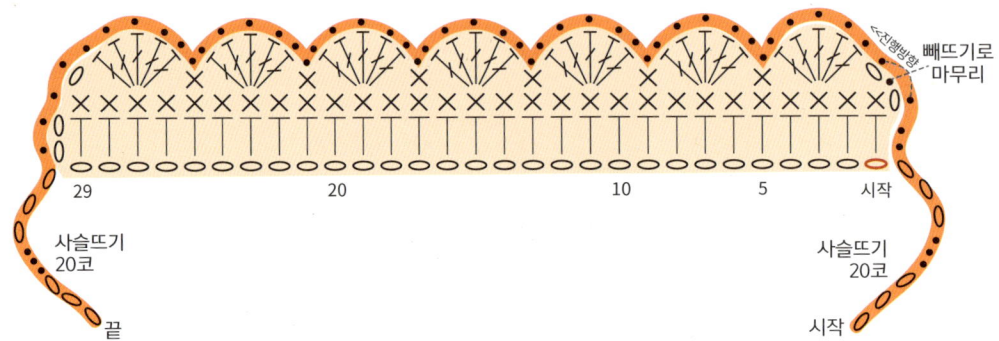

**1단**     사슬뜨기 29 (총 29코) ❶

**2단**     기둥사슬 2 — 긴뜨기 29 (총 29코) ❷

**3단**     기둥사슬 1 — 짧은뜨기 29 (총 29코) ❸

**4단**     사슬뜨기 1 — [한 코 띄우고 ❹, 한길긴뜨기 5코 늘려뜨기 1, 한 코 띄우고, 짧은뜨기 1]×6회 반복 — 한 코 띄우고, 한길긴뜨기 5코 늘려뜨기 1 — 사슬뜨기 1 — 가장 끝부분에 빼뜨기로 연결하여 마무리 ❺ (총 43코)

**5단(끈 만들기)** 사슬뜨기 20 ❻ — ❼ 케이프 옆면에 빼뜨기 3 ❽ — 케이프 둥근 레이스 모양을 따라 빼뜨기 43 ❾ — 케이프 옆면에 빼뜨기 3 — 사슬뜨기 20 ❿ — 마무리 ⓫

1단 완성

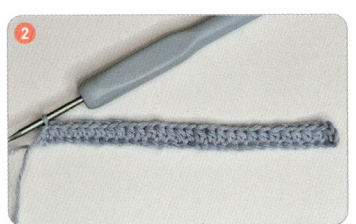

2단 완성

실 바꾸어 3단 완성

한 코 띄우고 한길긴뜨기 5코 늘려뜨기를 합니다.

4단 완성

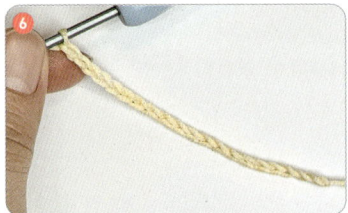

5단의 첫 사슬뜨기 20코 완성

케이프 바깥 부분에 바늘을 밀어 넣어

빼뜨기를 합니다.

가장자리를 따라 빼뜨기를 하며 레이스를 장식합니다.

사슬뜨기 20코를 한 번 더 뜨개질합니다.

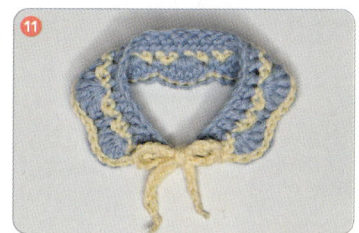
리본을 묶어 완성한 모습

**Tip** 빼뜨기를 할 때 너무 꽉 잡아당겨 뜨개질을 하면 모양이 찌그러질 수 있습니다. 특히 장식을 더하려고 빼뜨기를 할 때에는 바늘을 다음 코에 집어넣기 전에 한 번 정리하면서 코의 크기를 넉넉하게 합니다.

### Skill 한길긴뜨기 5코 늘려뜨기

한길긴뜨기 5코 늘려뜨기도 짧은뜨기 늘려뜨기 또는 긴뜨기 늘려뜨기와 기본적인 방식은 동일합니다. 즉, 하나의 코에 몇 번이고 바늘을 계속 넣어 원하는 만큼 뜨개질을 하여 늘리는 방법입니다. 우리 책에서는 꽃잎이나 레이스를 만들 때 주로 사용합니다.

   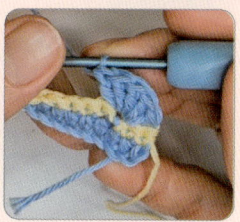

**1** 한길긴뜨기를 만들고, 바늘에 실을 한 번 감은 후,

**2** 같은 코에 한길긴뜨기를 하나 더 만듭니다.

**3** 같은 코에 한길긴뜨기 3코를 만든 모습입니다.

**4** 한길긴뜨기 5코 늘려뜨기를 완성합니다.

## 🔘 케이프 장식하기

단색 케이프에 비즈를 달아 보세요.

빼뜨기 장식과 비즈를 활용해 꾸며 보고, 케이프의 단마다 색상을 다르게 하여 뜨개질하면 귀여운 케이프를 만들 수 있습니다. 다양한 색상과 부자재를 활용하여 만들어 보세요.

• LEVEL UP •

## 🌸 우비 만들기

헬멧 도안과 연결하여 우비를 만들 수 있습니다.

아래의 사진과 같이 헬멧 또는 우비 모자의 여밈 첫 번째 코에 바늘을 넣어 케이프를 뜨개질하면 우비를 만들 수 있습니다.

🔗 Link 우비 모자의 옆면 도안 074쪽

우비 모자 + 기본 케이프 + 개구리 눈
= 개구리 우비

우비 모자 + 기본 케이프 + 장식
= 병아리 우비

우비 모자 + 레이스 케이프 + 문어 입
= 문어 우비

## 이럴 땐 어떡하죠? 작은 인형 사이즈에 맞춘 케이프

8cm 인형이나 1/6 인형들도 착용할 수 있는 작은 케이프 도안입니다. 만드는 방법은 레이스 케이프와 똑같습니다. 하지만 콧수가 다르니 그림 도안을 꼼꼼히 확인하세요.

레슨 4의 기본 헬멧과 케이프를 연결하여 우비를 만들고 싶은 경우에는 작은 케이프 도안을 연결하면 됩니다.

기본 헬멧 + 작은 케이프 + 장식 = 잭 오 랜턴 우비

🔗 Link  기본 헬멧 도안 054쪽

## LESSON 03

# 무용지물 귀도리

겨울이 되면 귀가 시리죠. 추운 겨울에도 따뜻할 수 있도록 귀도리를 만들어 봅시다.
귀를 따뜻하게 하려고 귀도리를 하는데 귀를 하나도 가리지 못해요!
귀가 머리 위에 있는 동물 인형들은 귀를 따뜻하게 할 수 없는, 말도 안 되는 귀도리 도안을 소개합니다.

### ▶ READY

**실:** 면 50g (약 160m) 2.5~3.0mm 바늘용
**게이지:** 28코×38단 (2.5~3.0mm 바늘, 10×10cm 메리야스 무늬)
**바늘:** 코바늘 3.0mm (5/0호)
**인형 사이즈:** 10cm 인형 (머리 둘레 19~21cm)

## HOW TO MAKE 귀도리 밴드

### 🌸 귓구멍이 없는 밴드

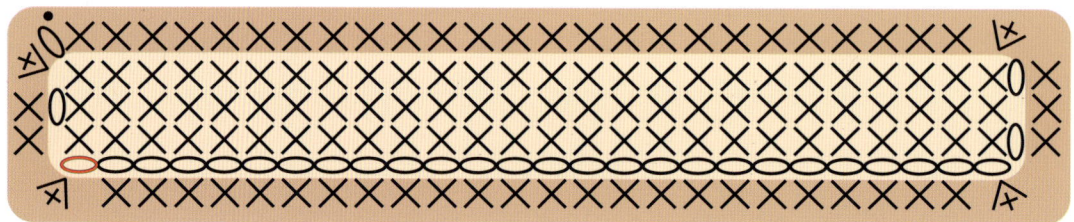

| 1단    | 사슬뜨기 26 ❶ |
|--------|---------------|
| 2~4단  | 기둥사슬 1 — 짧은뜨기 26 ❷ |
| 5단    | 기둥사슬 1 ❸ — 짧은뜨기 2코 늘려뜨기 1 ❹ — 짧은뜨기 2 ❺ — 짧은뜨기 2코 늘려뜨기 1 ❻ — 짧은뜨기 24 — 짧은뜨기 2코 늘려뜨기 1 — 짧은뜨기 3 — 짧은뜨기 2코 늘려뜨기 1 — 짧은뜨기 25 — 빼뜨기로 마무리 ❼ (총 62코) |

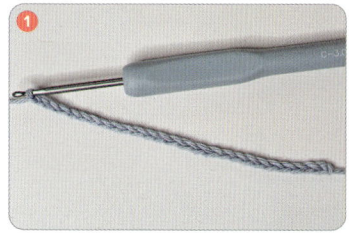

1단을 완성한 모습

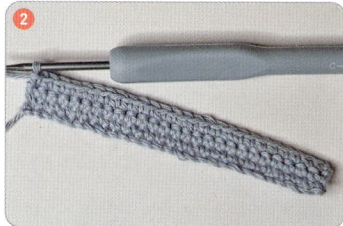

4단까지 완성한 모습

5단의 기둥사슬 1코 만듭니다.

기둥코를 만든 자리에 짧은뜨기 2코 늘려뜨기를 합니다.

가장자리를 따라서 짧은뜨기 2코를 만듭니다.

아래쪽 첫 번째 코에 짧은뜨기 2코 늘려뜨기를 합니다.

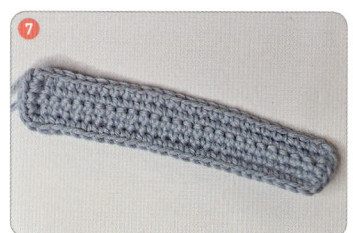

5단까지 완성한 모습

## 🌸 귓구멍이 있는 밴드

| 1단 | 사슬뜨기 26 |
|---|---|
| 2단 | 기둥사슬 1 — 짧은뜨기 26 |
| 3단 | 기둥사슬 1 — 짧은뜨기 2 — 사슬뜨기 8 — (8코 띄우고)짧은뜨기 6 ❶ — 사슬뜨기 8 — (8코 띄우고)짧은뜨기 2 ❷ (총 26코) |
| 4단 | 기둥사슬 1 — 짧은뜨기 26 ❸ |
| 5단 | 기둥사슬 1 — 짧은뜨기 2코 늘려뜨기 1 — 짧은뜨기 2 — 짧은뜨기 2코 늘려뜨기 1 — 짧은뜨기 24 — 짧은뜨기 2코 늘려뜨기 1 — 짧은뜨기 3 — 짧은뜨기 2코 늘려뜨기 1 — 짧은뜨기 25 — 빼뜨기로 마무리 ❹ (총 62코) |

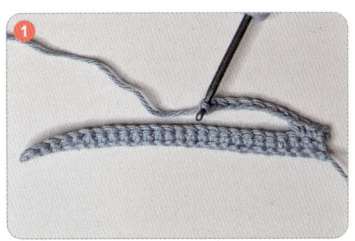

사슬뜨기 8코를 만들고 8코 띄우고 뜨개질합니다.

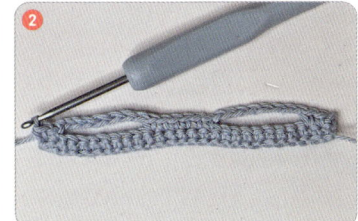

3단을 완성한 모습

4단까지 완성한 모습

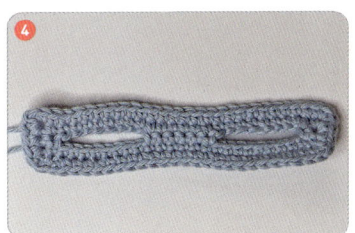

귓구멍이 있는 밴드를 완성한 모습

# HOW TO MAKE 귀마개

### 귀마개

아래 도안을 따라 귀마개 4개를 만듭니다.

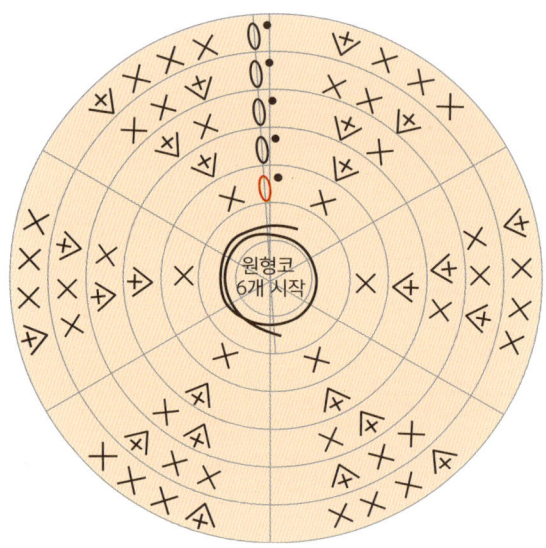

| | |
|---|---|
| 1단 | 원형코로 시작 — 짧은뜨기 6 |
| 2단 | 기둥사슬 1 — 짧은뜨기 2코 늘려뜨기 6 — 빼뜨기 연결 (총 12코) |
| 3단 | 기둥사슬 1 — [짧은뜨기 1, 짧은뜨기 2코 늘려뜨기 1]×6회 반복 — 빼뜨기 연결 (총 18코) |
| 4단 | 기둥사슬 1 — [짧은뜨기 2코 늘려뜨기 1, 짧은뜨기 2]×6회 반복 — 빼뜨기 연결 (총 24코) |
| 5단 | 기둥사슬 1 — [짧은뜨기 3, 짧은뜨기 2코 늘려뜨기 1]×6회 반복 — 빼뜨기로 마무리 (총 30코) |

## 🌸 밴드와 귀마개 연결하기

밴드와 귀마개를 연결합니다. 돗바늘을 준비해 주세요.

**1** 귀마개 중 2개는 실을 넉넉하게 남긴 후 (원 둘레의 2.5~3배 정도) 잘라 둡니다.

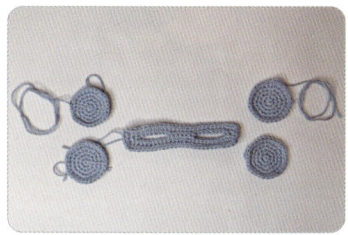

**2** 귀마개 4개와 밴드 1개를 준비합니다.

**3** 2개의 귀마개를 잘 맞추어 돗바늘로 꿰맵니다.

**4** 적당한 위치에 밴드를 끼워 연결합니다.

**5** 밴드를 끼운 부분은 바느질의 홈질을 하듯 꿰맵니다.

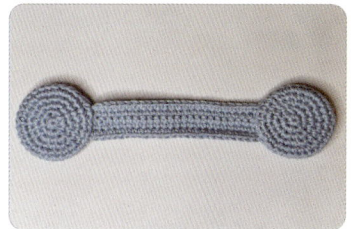

**6** 귀마개와 밴드를 연결했습니다.

## 🌸 끈 달기

**1** 적당한 위치에서 사슬뜨기 20~22코를 뜨개질합니다.

**2** 끈이 추가된 모습

**3** 완성한 모습

안쪽에 배치할 귀마개 2개는 흰색으로 뜨개질하여 디테일까지 살아있는 귀도리를 만들어 보세요.

하트 장식을 달아 귀엽게 꾸며 보세요.

> **Note** 하트 장식 뜨기
>
> 원형코로 시작 — 기둥사슬 1 — 한길긴뜨기 3 — 긴뜨기 1 — 짧은뜨기 2 — 한길긴뜨기 1 — 짧은뜨기 2 — 긴뜨기 1 — 한길긴뜨기 3 — 빼뜨기로 연결 후 마무리 (총 13코)

# 무엇이든 될 수 있는 헬멧

4.0mm 코바늘으로 만드는 헬멧 도안입니다.
3.0mm 코바늘보다 빠르게 만들 수 있다는 장점이 있지요.
꾸미는 방법에 따라 천차만별로 달라질 수 있는 헬멧 도안은 활용도가 정말 높답니다.

### READY

**실:** 면 50g (약 160m) 4.0~5.0mm 바늘용
**게이지:** 20코×28단 (4.0mm 바늘, 10×10cm 메리야스 무늬)
**바늘:** 코바늘 4.0mm (7/0호(한/일), G-6(미))
**인형 사이즈:** 10cm 인형 (머리 둘레 19~21cm/목 둘레 11cm)

## HOW TO MAKE 기본 헬멧

뜨개질 순서: ○ ➡ ○ ➡ ○ ➡ ○
★ : 실 연결 위치

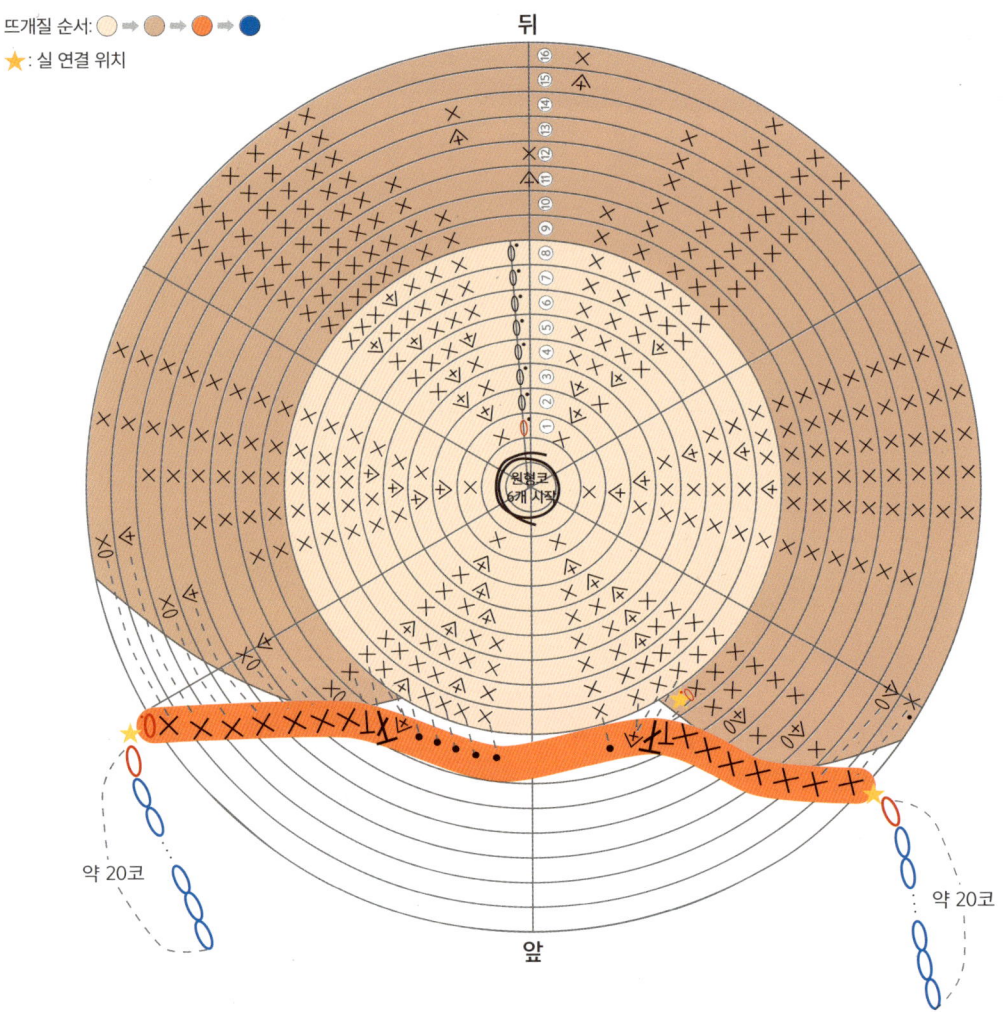

### 🌸 헬멧 윗부분

1단    원형코로 시작 — 기둥사슬 1 — 짧은뜨기 6 — 빼뜨기로 연결 (총 6코)

2단    기둥사슬 1 — 짧은뜨기 2코 늘려뜨기 6 — 빼뜨기로 연결 (총 12코)

3단    기둥사슬 1 — [짧은뜨기 1, 짧은뜨기 2코 늘려뜨기 1]×6회 반복 — 빼뜨기로 연결 (총 18코)

4단    기둥사슬 1 — 짧은뜨기 1 — 짧은뜨기 2코 늘려뜨기 1 — 짧은뜨기 2 — 짧은뜨기 2코 늘려뜨기 1 — 짧은뜨기 3 — 짧은뜨기 2코 늘려뜨기 1 — 짧은뜨기 2 — 짧은뜨기 2코 늘려뜨기 1 — 짧은뜨기 3 — 짧은뜨기 2코 늘려뜨기 1 — 짧은뜨기 2 — 빼뜨기로 연결 (총 23코)

5단    기둥사슬 1 — [짧은뜨기 2코 늘려뜨기 1, 짧은뜨기 4, 짧은뜨기 2코 늘려뜨기 1, 짧은뜨기 3]×2회 반복 — 짧은뜨기 2코 늘려뜨기 1 — 짧은뜨기 4 — 빼뜨기로 연결 (총 28코)

6단    기둥사슬 1 — 짧은뜨기 3 — [짧은뜨기 2코 늘려뜨기 1, 짧은뜨기 6]×3회 반복 — 짧은뜨기 2코 늘려뜨기 1 — 짧은뜨기 3 — 빼뜨기로 연결 (총 32코)

| 7단 | 기둥사슬 1 — 짧은뜨기 5 — [짧은뜨기 2코 늘려뜨기 1, 짧은뜨기 9]×2회 반복 — 짧은뜨기 2코 늘려뜨기 1 — 짧은뜨기 6 — 빼뜨기로 연결 (총 35코) |
| --- | --- |
| 8단 | 기둥사슬 1 — 짧은뜨기 3 — 짧은뜨기 2코 늘려뜨기 1 — 짧은뜨기 10 — 짧은뜨기 2코 늘려뜨기 1 — 짧은뜨기 11 — 짧은뜨기 2코 늘려뜨기 1 — 짧은뜨기 8 — 빼뜨기로 연결하고 마무리 ❶ (총 38코) |

8단까지 완성한 모습

## 🌼 헬멧 옆면

빼뜨기 연결하는 부분(=단이 바뀌는 부분)에서 좌우로 14 코씩 이동하여 시작합니다 ❷.

따라서 가운데 10코가 비워집니다 ❸.

| 9단 | 기둥사슬 1 — 짧은뜨기 28 (총 28코) |
| --- | --- |
| 10단 | 기둥사슬 1 — 짧은뜨기 28 (총 28코) |
| 11단 | 기둥사슬 1 — 짧은뜨기 2코 모아뜨기 1 — 짧은뜨기 11 — 짧은뜨기 2코 모아뜨기 1 — 짧은뜨기 11 — 짧은뜨기 2코 모아뜨기 1 (총 25코) |
| 12단 | 기둥사슬 1 — 짧은뜨기 25 (총 25코) |
| 13단 | 기둥사슬 1 — 짧은뜨기 2코 모아뜨기 1 — 짧은뜨기 10 — 짧은뜨기 2코 모아뜨기 1 — 짧은뜨기 9 — 짧은뜨기 2코 모아뜨기 1 (총 22코) |
| 14단 | 기둥사슬 1 — 짧은뜨기 22 (총 22코) |
| 15단 | 기둥사슬 1 — 짧은뜨기 2코 모아뜨기 1 — 짧은뜨기 8 — 짧은뜨기 2코 모아뜨기 1 — 짧은뜨기 8 — 짧은뜨기 2코 모아뜨기 1 (총 19코) |
| 16단 | 기둥사슬 1 — 짧은뜨기 19 — 마무리 ❹ (총 19코) |

옆면 시작하는 위치

가운데 10코가 비워집니다.

16단까지 뜨개질한 모습

• HOW TO MAKE •

> **Note** 단이 바뀌는 부분(뒷면 가운데 부분)에서는 코를 찾기 어렵다면?
> ❶ 빼뜨기로 연결할 때, 첫 번째 코에 바늘을 넣는 것처럼 뜨개질하면 됩니다.
> ❷ 실이 들어간 위치를 잘 확인해 보세요.
> ❸ 단이 바뀌는 위치를 잘 갈무리하여 뜨개질한 모습

## 앞부분 마무리

헬멧을 정면을 봤을 때 왼쪽의 가장 아래 코에서 시작합니다. 끈으로 사용할 사슬뜨기 20코 ❺ 를 먼저 만들고 헬멧의 왼쪽 맨 아래 코에 빼뜨기 ❻ 로 이어서 아래의 뜨개를 시작합니다.

기둥사슬 1 − 짧은뜨기 7 ❼ − 긴뜨기 1 ❽ − (모서리 안쪽 코에)한길긴뜨기 1 ❾ − 짧은뜨기 2코 모아뜨기 1 ❿ − 빼뜨기 6 ⓫ − 짧은뜨기 2코 모아뜨기 1 − (모서리 안쪽 코에)한길긴뜨기 1 − 긴뜨기 1 − 짧은뜨기 7 ⓬⓭

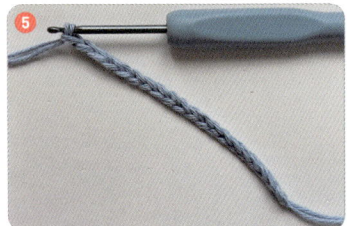
사슬뜨기 20코를 뜨개질하고

해당 위치에 빼뜨기로 연결하여 시작합니다.

옆면을 따라 짧은뜨기 7코를 뜨개질한 모습

옆면 제일 위쪽 코에 긴뜨기를 합니다.

옆면을 뜨개질했던 자리에 한길긴뜨기를 합니다.

짧은뜨기 2코 모아뜨기

빼뜨기를 합니다. 이제 반대쪽도 똑같이 만듭니다.

옆에서 본 완성된 모습

정면에서 본 완성된 모습

 앞부분 테두리를 짱짱하게 뜨개질하기 어렵다면 실은 그대로 두되, 바늘만 작은 사이즈로 사용해 보세요. 위에서 소개하는 예시에서는 모자 머리통은 코바늘 4.0mm로 뜨개질하고, 앞부분은 코바늘 3.0mm로 뜨개질했습니다.

# HOW TO MAKE 귓구멍이 있는 헬멧

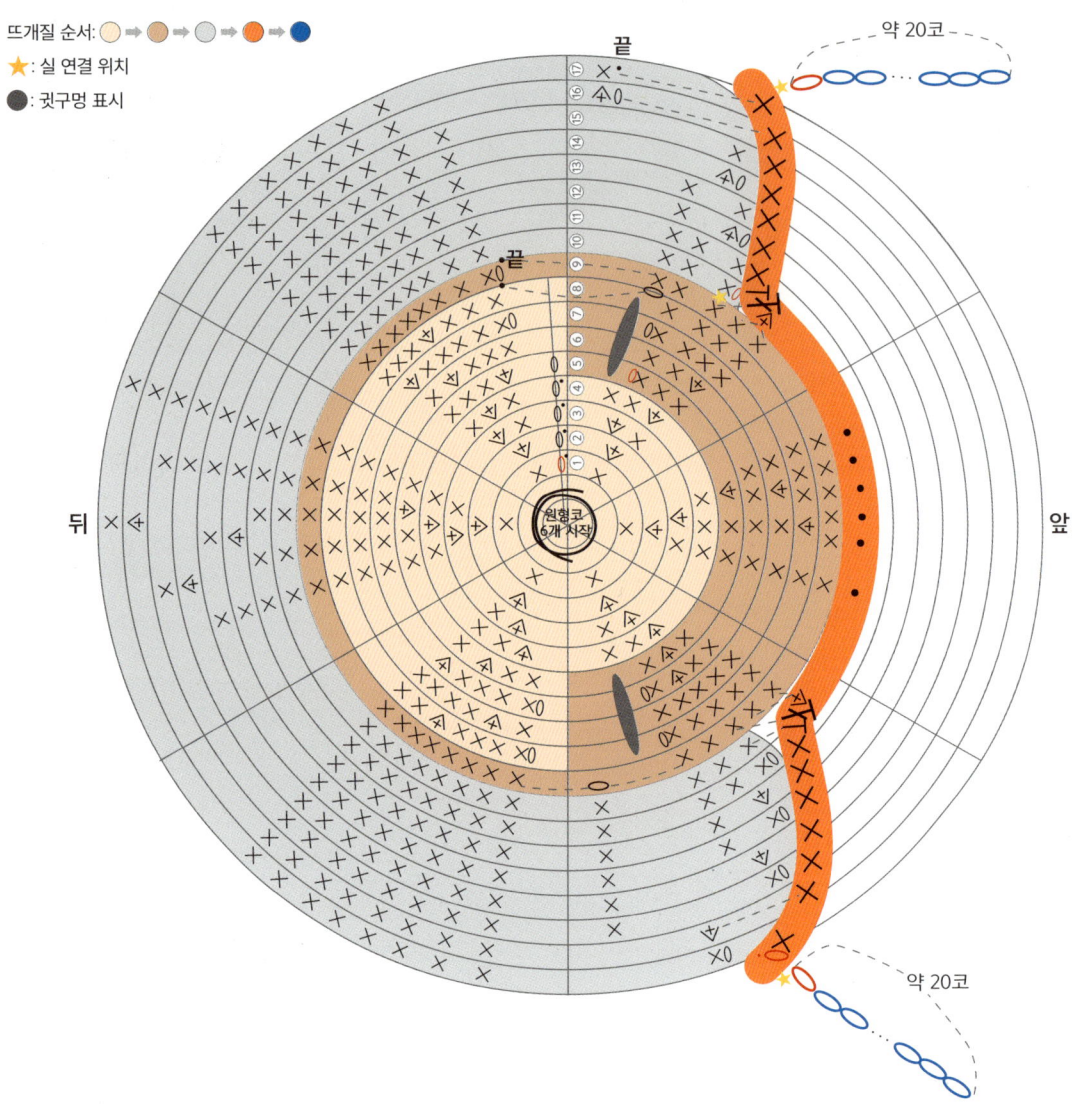

### 🌸 헬멧 윗부분

1단    원형코로 시작 — 기둥사슬 1 — 짧은뜨기 6 — 빼뜨기로 연결 (총 6코)
2단    기둥사슬 1 — 짧은뜨기 2코 늘려뜨기 6 — 빼뜨기로 연결 (총 12코)
3단    기둥사슬 1 — [짧은뜨기 1, 짧은뜨기 2코 늘려뜨기 1]×6회 반복 — 빼뜨기로 연결 (총 18코)
4단    기둥사슬 1 — 짧은뜨기 1 — 짧은뜨기 2코 늘려뜨기 1 — 짧은뜨기 2 — 짧은뜨기 2코 늘려뜨기 1 — 짧은뜨기 3 — 짧은뜨기 2코 늘려뜨기 1 — 짧은뜨기 2 — 짧은뜨기 2코 늘려뜨기 1 — 짧은뜨기 3 — 짧은뜨기 2코 늘려뜨기 1 — 짧은뜨기 2 (총 23코) ❶

여기서 4단을 빼뜨기로 마무리하지 않고 바로 이어서 뒤쪽 부채꼴을 뜨개질합니다.

## 뒤쪽 부채꼴

| | |
|---|---|
| 5단 | 기둥사슬 1 — 짧은뜨기 2코 늘려뜨기 1 — 짧은뜨기 4 — 짧은뜨기 2코 늘려뜨기 1 — 짧은뜨기 3 — 짧은뜨기 2코 늘려뜨기 1 — 짧은뜨기 2 (총 15코) |
| 6단 | 기둥사슬 1 — 짧은뜨기 4 — 짧은뜨기 2코 늘려뜨기 1 — 짧은뜨기 6 — 짧은뜨기 2코 늘려뜨기 1 — 짧은뜨기 3 (총 17코) |
| 7단 | 기둥사슬 1 — 짧은뜨기 5 — 짧은뜨기 2코 늘려뜨기 1 — 짧은뜨기 9 — 짧은뜨기 2코 늘려뜨기 1 — 짧은뜨기 1 (총 19코) |
| 8단 | 기둥사슬 1 — 짧은뜨기 4 — 짧은뜨기 2코 늘려뜨기 1 — 짧은뜨기 10 — 짧은뜨기 2코 늘려뜨기 1 — 짧은뜨기 3 (총 21코) — 마무리 ❷ |

4단까지 뜨개질한 모습

뒤쪽 부채꼴을 완성한 모습

## 앞쪽 부채꼴

직물을 뒤집어 4단 가장자리에서 한 코를 띄우고 시작합니다 ❸.

| | |
|---|---|
| 5단 | 기둥사슬 1 — [짧은뜨기 3, 짧은뜨기 2코 늘려뜨기 1]×2회 반복 — 짧은뜨기 1 (총 11코) |
| 6단 | 기둥사슬 1 — 짧은뜨기 1 — 짧은뜨기 2코 늘려뜨기 1 — 짧은뜨기 6 — 짧은뜨기 2코 늘려뜨기 1 — 짧은뜨기 2 (총 13코) |
| 7단 | 기둥사슬 1 — 짧은뜨기 5 — 짧은뜨기 2코 늘려뜨기 1 — 짧은뜨기 7 (총 14코) |
| 8단 | 기둥사슬 1 — 짧은뜨기 6 — 짧은뜨기 2코 늘려뜨기 1 — 짧은뜨기 7 ❹ — 사슬뜨기 1 — 빼뜨기로 연결 (총 16코) ❺ |

앞쪽 부채꼴 시작 위치

부채꼴을 모두 완성한 모습

사슬뜨기 1코를 만든 뒤, 뒤쪽 부채꼴에 연결하여 빼뜨기합니다.

## 🌸 헬멧 옆면

**9단**      기둥사슬 1 — 짧은뜨기 21 — 사슬뜨기 1 ❻ — ❼ 짧은뜨기 16 — 빼뜨기로 연결 후 마무리 (총 38코) ❽

10단은 오른쪽 귓구멍(도안의 위쪽)부터 3칸 정도를 띄우고 시작합니다 ❾ ❿. 나중에 보면 가운데의 10코가 비워진 상태가 됩니다.

**10단**      기둥사슬 1 — 짧은뜨기 28 (총 28코) ⓫

11단부터는 **기본 헬멧** 도안의 10단부터 뜨개질하면 됩니다.

귓구멍을 연결하는 부분에서 사슬뜨기 1코를 만듭니다.     뒤쪽 부채꼴 첫 번째 코에 짧은뜨기 1코를 만듭니다.     9단을 완성한 모습

3코를 띄우고 시작하는 것인데,     마무리한 부분에서 5번째 코입니다.     10단을 완성한 모습

## LEVEL UP

### 🔘 똑딱이 단추

헬멧을 만든 뒤에 인형의 턱에 비스듬하게 연결하는 똑딱이 단추를 달아 보세요. 긴 끈의 방향은 상관없습니다.

#### 긴 끈 만들기
| | |
|---|---|
| **1단** | 사슬뜨기 10 |
| **2단** | 짧은뜨기 8 — 긴뜨기 1 — 모자 옆면에 빼뜨기로 연결 후 마무리 |

#### 짧은 끈 만들기
| | |
|---|---|
| **1단** | 사슬뜨기 4 |
| **2단** | 짧은뜨기 2 — 긴뜨기 1 — 모자 옆면에 빼뜨기로 연결 후 마무리 |

### 🔘 과일 헬멧

과일 꼭지를 달아 과일 헬멧을 만들어 봅시다.

🔗 Link  과일 꼭지 도안 089쪽

• LEVEL UP

## 🔘 동물 헬멧

동물 귀를 달아 동물 헬멧을 만들어 봅시다.

🔗 Link    동물 귀 도안 093쪽

## 🔘 헬멧과 케이프를 연결한 우비 만들기

케이프를 달고 호박처럼 꾸미면 잭 오 랜턴 스타일의 핼러윈 우비를 만들 수 있습니다.

🔗 Link    케이프 도안 039쪽

• LEVEL UP •

**기본 헬멧** 도안의 16단까지 뜨개질합니다. 그리고 17단을 아래의 순서대로 ❶ 뜨개질하여 여밈을 만듭니다.

**17단** 　　사슬뜨기 4 ❷ — 짧은뜨기 2 이어서 긴뜨기 1 ❸

> **Tip** 귓구멍이 있는 헬멧의 도안으로 만들고 있다면 17단까지 뜨개질한 후, 18단부터 아래 설명을 따라 하면 됩니다.

17단을 시작하는 위치

사슬뜨기 4코를 뜨개질하고

사슬뜨기 위치에 짧은뜨기 2코와 긴뜨기 1코를 만듭니다.

**기본 헬멧** 도안의 앞부분 테두리 뜨기를 이어서 합니다.

한 코 띄우고 — 짧은뜨기 6 — 긴뜨기 1 — (모서리 안쪽 코에)한길긴뜨기 1 — 짧은뜨기 2코 모아뜨기 1 — 빼뜨기 6 — 짧은뜨기 2코 모아뜨기 1 — (모서리 안쪽 코에)한길긴뜨기 1 — 긴뜨기 1 — 짧은뜨기 6 이어서 사슬뜨기 4 ❹ — 짧은뜨기 2 — 긴뜨기 1 ❺ — 빼뜨기로 마무리 ❻

반대쪽도 똑같이 사슬뜨기 4코를 뜨개질하고

짧은뜨기 2, 긴뜨기 1의 순서대로 뜨개질합니다.

여밈이 달린 테두리 완성

> **Tip** 테두리를 뜨개질할 때는 코바늘 3.0mm로 촘촘하게 뜨는 것을 추천합니다.

• LEVEL UP •

여밈을 만들면 25 코가 됩니다. 시작 위치에 바늘을 걸고 ❼ 작은 케이프 도안의 2번째 단부터 뜨개질 합니다 ❽❾.  🔗 Link  작은 케이프 도안 046쪽

시작하는 위치

케이프 도안의 2단을 완성한 모습

끈을 달고 우비를 완성한 모습

> **Note** 우비용 모자는 두 스타일 중에 고르자
>
> 방금 배웠던 헬멧 도안으로 만드는 우비는 4.0mm 코바늘과 실로 만듭니다. 그런데 뒤에서 배울 우비 스타일 모자 도안으로 만드는 또 다른 우비는 비교적 더 작은 3.0mm 코바늘과 실로 만듭니다. 따라서 완성품의 두께감도 차이가 있습니다. 아래 사진의 머리 부분을 비교하고 원하는 스타일을 연출해 보세요.
>
>
> 우비용 모자 도안 비교(왼쪽이 레슨 5에서 배울 기본 우비 모자 도안으로 만든 우비)

# LESSON 05

# 마음대로 조립하는 모자

솜솜코 아틀리에에서 큰 사랑을 받았던 모자 도안을 모두 모았습니다.
인형에게 귀가 있어도, 귀가 없어도, 귀의 위치가 달라도 응용할 수 있는 방법까지 모두 담았습니다.
무궁무진한 모자 만들기를 시작하세요!

### READY

**실:** 면 50g (약 160m) 2.5~3.0mm 바늘용
**게이지:** 28코×38단 (2.5~3.0mm 바늘, 10×10cm 메리야스 무늬)
**바늘:** 코바늘 3.0mm (5/0호)
**인형 사이즈:** 10cm 인형 (머리 둘레 19~21cm)

## 🌸 모자 만들기 알고리즘

모자를 만들 때는 내 솜인형에 귀가 있는지가 가장 중요합니다. 귀 유무에 따라서 먼저 모자의 머리 부분을 만들고 챙을 달아서 완성합니다. 모자의 윗부분은 평평한 모양과 둥근 모양으로 두 가지 도안을 준비했습니다. 원하는 도안으로 시작합시다.

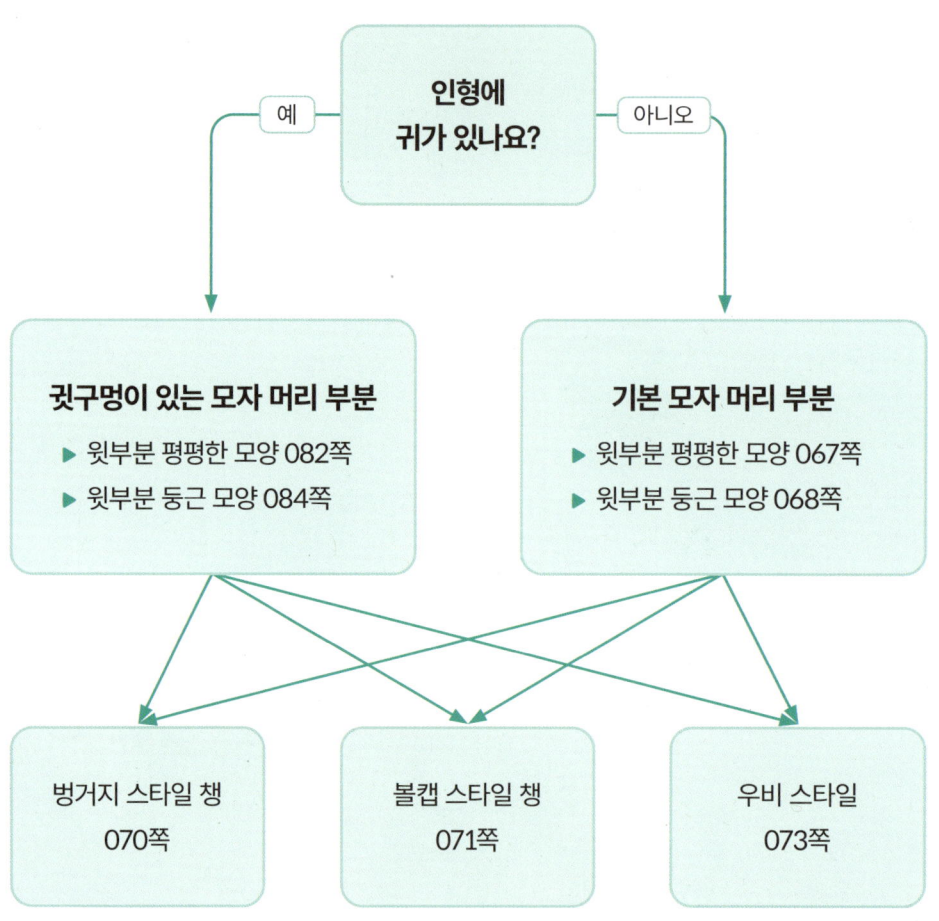

## HOW TO MAKE 기본 모자 머리 부분

### 윗부분 평평한 모양

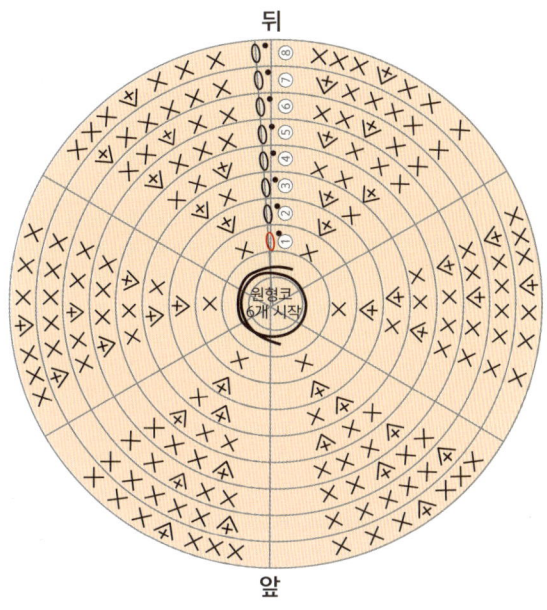

| | |
|---|---|
| 1단 | 원형코로 시작 — 기둥사슬 1 — 짧은뜨기 6 — 빼뜨기 연결 (총 6코) |
| 2단 | 기둥사슬 1 — 짧은뜨기 2코 늘려뜨기 6 — 빼뜨기 연결 (총 12코) |
| 3단 | 기둥사슬 1 — [짧은뜨기 1, 짧은뜨기 2코 늘려뜨기 1]×6회 반복 — 빼뜨기 연결 (총 18코) |
| 4단 | 기둥사슬 1 — [짧은뜨기 2코 늘려뜨기 1, 짧은뜨기 2]×6회 반복 — 빼뜨기 연결 (총 24코) |
| 5단 | 기둥사슬 1 — [짧은뜨기 3, 짧은뜨기 2코 늘려뜨기 1]×6회 반복 — 빼뜨기 연결 (총 30코) |
| 6단 | 기둥사슬 1 — [짧은뜨기 2, 짧은뜨기 2코 늘려뜨기 1, 짧은뜨기 2]×6회 반복 — 빼뜨기 연결 (총 36코) |
| 7단 | 기둥사슬 1 — [짧은뜨기 5, 짧은뜨기 2코 늘려뜨기 1]×6회 반복 — 빼뜨기 연결 (총 42코) |
| 8단 | 기둥사슬 1 — [짧은뜨기 3, 짧은뜨기 2코 늘려뜨기 1, 짧은뜨기 3]×6회 반복 — 빼뜨기 연결 (총 48코) |

**옆면**

| | |
|---|---|
| 9~13단 | 기둥사슬 1 — 짧은뜨기 48 — 빼뜨기 연결 (총 48코) |

> **Note  모자에 각을 만들자**
>
> 9단에 뒤걸어뜨기와 14단에 앞걸어뜨기를 하면 모자 각을 만들 수 있습니다. 왼쪽 사진은 각이 없이 뜨개질한 벙거지입니다. 오른쪽 사진은 9단과 14단에 뒤/앞 걸어뜨기를 하여 각이 생기도록 만든 벙거지입니다. 원하는 스타일을 상상해 보세요.

## 윗부분 둥근 모양

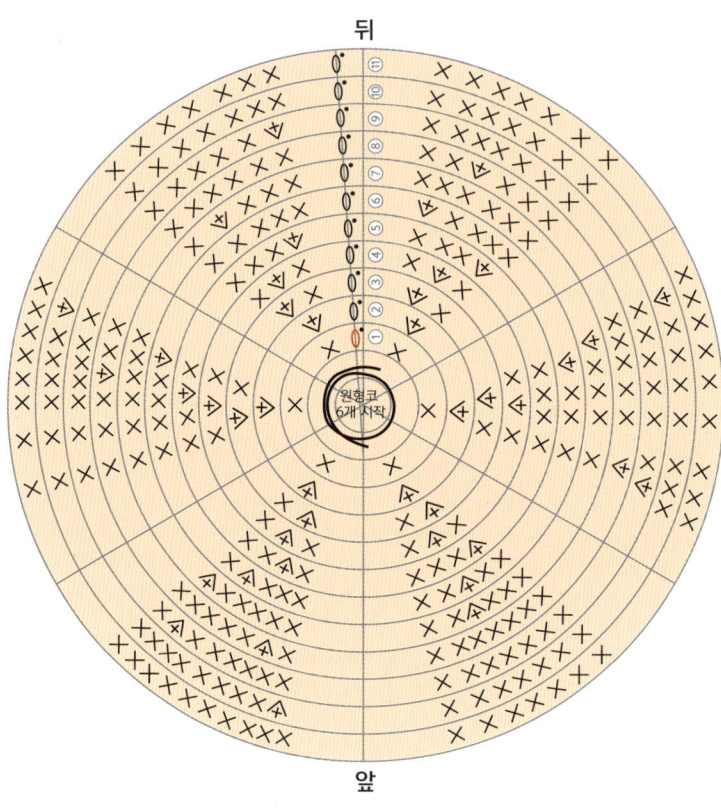

| 1단 | 원형코로 시작 — 기둥사슬 1 — 짧은뜨기 6 — 빼뜨기로 연결 (총 6코) |
| --- | --- |
| 2단 | 기둥사슬 1 — 짧은뜨기 2코 늘려뜨기 6 — 빼뜨기로 연결 (총 12코) |
| 3단 | 기둥사슬 1 — [짧은뜨기 1, 짧은뜨기 2코 늘려뜨기 1]×6회 반복 — 빼뜨기로 연결 (총 18코) |
| 4단 | 기둥사슬 1 — [짧은뜨기 1, 짧은뜨기 2코 늘려뜨기 1, 짧은뜨기 1]×6회 반복 — 빼뜨기로 연결 ❶ (총 24코) |
| 5단 | 기둥사슬 1 — [짧은뜨기 2코 늘려뜨기 1, 짧은뜨기 4]×4회 반복 — 짧은뜨기 2코 늘려뜨기 1 — 짧은뜨기 3 — 빼뜨기로 연결 (총 29코) |
| 6단 | 기둥사슬 1 — [짧은뜨기 5, 짧은뜨기 2코 늘려뜨기 1]×4회 반복 — 짧은뜨기 4 — 짧은뜨기 2코 늘려뜨기 1 — 빼뜨기로 연결 (총 34코) |
| 7단 | 기둥사슬 1 — 짧은뜨기 3 — [짧은뜨기 2코 늘려뜨기 1, 짧은뜨기 7]×3회 반복 — 짧은뜨기 2코 늘려뜨기 1 — 짧은뜨기 6 — 빼뜨기로 연결 (총 38코) |
| 8단 | 기둥사슬 1 — [짧은뜨기 8, 짧은뜨기 2코 늘려뜨기 1]×4회 반복 — 짧은뜨기 2 — 빼뜨기로 연결 (총 42코) |
| 9단 | 기둥사슬 1 — [짧은뜨기 2코 늘려뜨기 1, 짧은뜨기 13]×3회 반복 — 빼뜨기 연결 (총 45코) |
| 10단 | 기둥사슬 1 — [짧은뜨기 7, 짧은뜨기 2코 늘려뜨기 1, 짧은뜨기 7]×3회 반복 — 빼뜨기 연결 (총 48코) |
| 11단 | 기둥사슬 1 — 짧은뜨기 48 — 빼뜨기 연결 ❷ (총 48코) |

## 옆면

**12~16단** 기둥사슬 1 ─ 짧은뜨기 48 ─ 빼뜨기 연결 ❸ (총 48코)

4단까지 완성한 모습

11단까지 완성한 모습

16단까지 완성한 모습

 우비를 만들고 싶다면 윗부분 둥근 모양의 11단까지 뜨개질하고 074쪽의 우비 스타일 12단부터 이어서 뜨개질합니다.

> **Note  모자는 머리 크기에 맞추어 도안을 자유롭게 변경하자**
>
> 귀가 있는 인형에게 귓구멍이 없는 모자를 크게 만들어서 씌우거나, 사람 인형의 모자를 만들 때에는 모자 높이(모자 옆면)를 조금 더 높게 뜨는 것이 좋습니다. 도안에는 5단으로 적혀 있으나 7단 정도로 늘려서 뜨개질하면 귀가 있는 인형이나 사람 인형의 머리에도 잘 맞습니다. 모자를 뜨개질할 때는 수시로 인형의 머리에 씌우며 적절한 높이를 확인해 보세요. 원하는 대로 늘리거나 줄여도 됩니다.

> **Skill  짧은뜨기 뒤걸어뜨기**
>
> 뒤걸어뜨기는 코의 기둥에 뜨개질을 하는 방법입니다. 직물을 평면이 아닌 입체로 만들 때 사용합니다. 뒤걸어뜨기를 하면 직물의 '안쪽'으로 새로운 면이 튀어나오게 됩니다. 모자에 각을 만들 때나 바구니 모양을 만들 때 활용할 수 있습니다.
>
>

**1** 먼저 사슬뜨기 1회로 기둥코를 만들어 줍니다. 기존에 뜨개질을 하는 부분이 아니라 코의 기둥 부분에 바늘을 끼워 넣습니다.

**2** 조금 불편하더라도 두려워 말고 그대로 뜨개질을 합니다.

**3** 이처럼 뒤걸어뜨기를 하면 그릇 모양을 만드는 것처럼 새로운 방향으로 뜨개 면이 만들어집니다.

## HOW TO MAKE 벙거지 챙

모자 윗부분을 완성했다면 원하는 모자 스타일에 따라 모자 챙을 달아 봅시다. 벙거지 챙, 볼캡 챙, 우비 모자 중에 마음에 드는 도안을 따라 뜨개질해 보세요.

> **Tip** 머리에 동물 귀가 달린 인형을 위한 귓구멍이 있는 모자 도안은 뒤쪽에 있으며, 모자 챙을 만드는 방법은 기본 모자와 동일합니다. 귓구멍이 있는 모자 윗부분을 만들고 나서 다시 이 단계로 돌아와 이어서 뜨개질하면 됩니다.

**윗부분 평평한 모양**의 14단 또는 **윗부분 둥근 모양**의 17단이 벙거지 스타일 챙의 1단이 됩니다. 실을 끊지 않고 이어서 뜨개질하면 됩니다.

| 1단 | 기둥사슬 1 — [짧은뜨기 7, 짧은뜨기 2코 늘려뜨기 1]×6회 반복 — 빼뜨기로 연결 (총 54코) |
| --- | --- |
| 2단 | 기둥사슬 1 — [짧은뜨기 4, 짧은뜨기 2코 늘려뜨기 1, 짧은뜨기 4]×6회 반복 — 빼뜨기로 연결 (총 60코) |
| 3단 | 기둥사슬 1 — [짧은뜨기 9, 짧은뜨기 2코 늘려뜨기 1]×6회 반복 — 빼뜨기로 연결 (총 66코) |
| 4단 | 기둥사슬 1 — [짧은뜨기 5, 짧은뜨기 2코 늘려뜨기 1, 짧은뜨기 5]×6회 반복 — 빼뜨기로 연결 (총 72코) |
| 5단 | 기둥사슬 1 — [짧은뜨기 11, 짧은뜨기 2코 늘려뜨기 1]×6회 반복 — 빼뜨기로 연결 (총78코) |
| 6단 | 기둥사슬 1 — 빼뜨기 78 — 빼뜨기로 연결 후 마무리 ❶❷ |

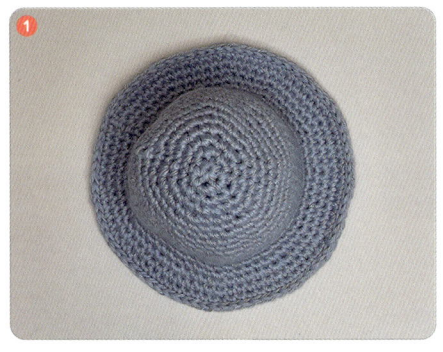

❶ 벙거지를 위에서 본 모습

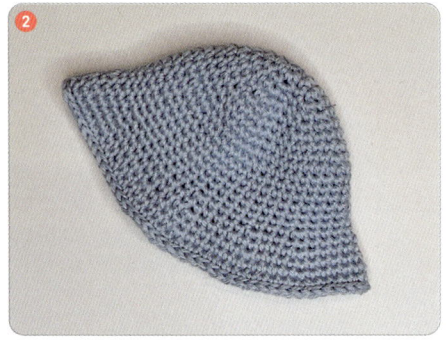

❷ 벙거지를 옆에서 본 모습

## HOW TO MAKE 볼캡 챙

★ : 모자 챙을 시작하는 부분
— : 중심 선

앞
마무리
중심 선
뒤
끝

**윗부분 평평한 모양**은 13단까지, **윗부분 둥근 모양**은 16단까지 뜨개질을 한 후 적당한 위치에서 볼캡 만들기를 시작합니다 ❶❷.

모자의 앞면 오른쪽 끝부분에서 시작합니다. 20코를 뜨기 때문에 모자의 중심을 잘 찾아서 오른쪽으로 10코 이동하여 시작합니다.

🔗 **Link** 짧은뜨기 앞걸어뜨기 072쪽

짧은뜨기 앞걸어뜨기로 20코를 뜨개질합니다.

1단    기둥사슬 1 — 짧은뜨기 앞걸어뜨기 20 ❸

2단    기둥사슬 1 — 짧은뜨기 20

3단    기둥사슬 1 — 짧은뜨기 2코 모아뜨기 1 — 짧은뜨기 16 — 짧은뜨기 2코 모아뜨기 1 (총 18코) ❹

4단    기둥사슬 1 — 짧은뜨기 18

5단    한 코 띄우고 — 긴뜨기 3코 늘려뜨기 1 — 긴뜨기 14 — 긴뜨기 3코 늘려뜨기 1 — 한 코 띄우고 — 빼뜨기로 마무리 ❺ (총 20코)

6단    (모자 챙 옆 부분에서 시작) ❻ 기둥사슬 1 — 짧은뜨기 28 — 빼뜨기 25 (모자 챙 부분) — 이어서 — 빼뜨기 28 (모자 옆면 부분) — 빼뜨기로 마무리 ❼ ❽

 모자 챙 부분의 빼뜨기 콧수는 25~28개로 상이할 수 있습니다. 틀린 게 아니니 걱정하지 마세요.

6단 시작하는 위치      완성한 모습      착용한 모습

### Skill 짧은뜨기 앞걸어뜨기

앞걸어뜨기는 뒤걸어뜨기처럼 코의 기둥에 뜨개질을 하는 방법입니다. 직물을 평면이 아닌 입체로 만들 때 사용하는 방법입니다. 앞걸어뜨기를 하면 직물의 '바깥쪽'으로 새로운 면이 튀어나오게 됩니다. 모자의 챙을 만들 때, 화분의 튀어나온 부분을 만들 때 앞걸어뜨기를 합니다.

 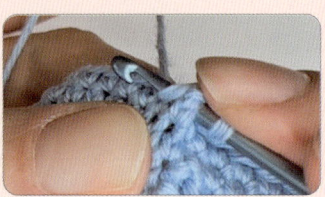 

**1** 직물의 바깥쪽면을 위로 두고 코의 기둥에 바늘을 끼워넣습니다.

**2** 조금 불편하더라도 두려워 말고 기존의 뜨개질 방식대로 뜨개질하세요.

**3** 직물의 바깥쪽으로 새로운 뜨개 면이 만들어집니다.

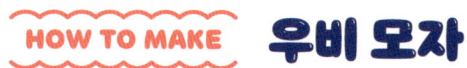

HOW TO MAKE **우비 모자**

## 귓구멍이 없는 우비 모자

우비 모자를 만들 때에는 항상 윗부분 둥근 모양으로 뜨개를 시작합니다. 만약 인형에게 귀가 있다면 귓구멍이 있는 모자의 윗부분이 둥근 모양 도안으로 시작합니다.

Link 기본 모자의 윗부분 둥근 모양 068쪽 Link 귓구멍이 있는 모자의 윗부분 둥근 모양 084쪽

뜨개질 순서:

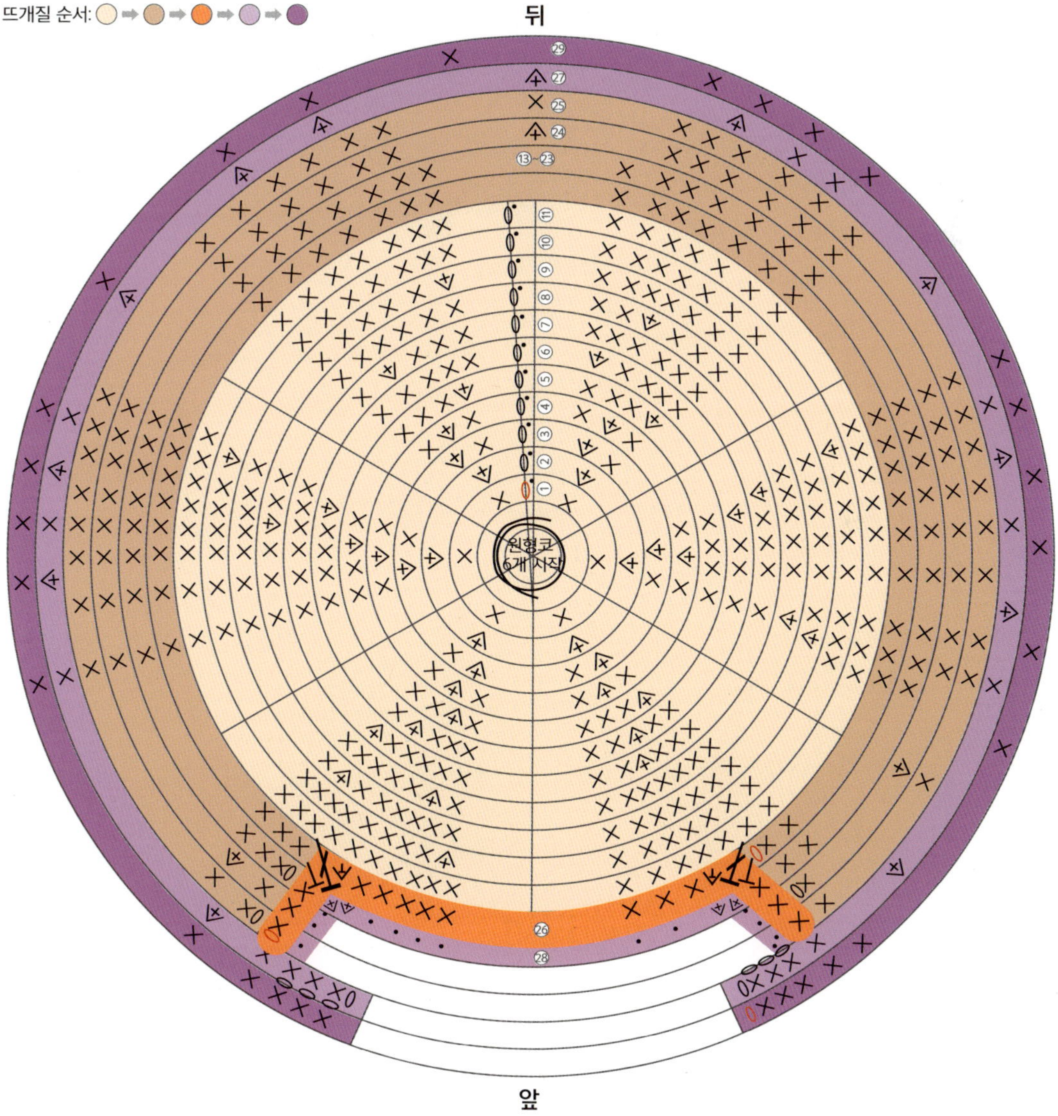

### 우비 모자 옆면

**귓구멍이 없는 우비 모자**는 뒤쪽 중심(단이 바뀌는 부분)에서 18번째 코 ❶ 에서 시작하고, **귓구멍이 있는 우비 모자**는 적당한 위치(정면에서 봤을 때 오른쪽 귓구멍에서 5코 이동) ❷ 에서 시작합니다.

**12단**  기둥사슬 1 – 짧은뜨기 36 (총 36코)

가운데 12코가 비워집니다.    오른쪽 귓구멍에서 5코 앞으로 이동하여 시작합니다.

**13~23 단**  기둥사슬 1 – 짧은뜨기 36 (총 36코)

> **Tip** 13~23단은 그림 도안에서는 표기를 생략했습니다. 그림 도안을 기준으로 뜨개질을 하더라도 꼭 넣어 주세요.

**24단**  기둥사슬 1 – 짧은뜨기 1 – 짧은뜨기 2코 모아뜨기 1 – 짧은뜨기 14 – 짧은뜨기 2코 모아뜨기 1 – 짧은뜨기 14 – 짧은뜨기 2코 모아뜨기 1 – 짧은뜨기 1 (총 33코)

**25단**  기둥사슬 1 – 짧은뜨기 33 – 마무리 ❸ (총 33코)

25단까지 마무리한 모습    모자 앞면 시작하는 위치

> **Note** 내 인형의 머리 크기를 반영하자
>
> 머리가 작은 인형의 경우 13~21 혹은 22단까지 뜨개질하면 되고, 머리가 큰 인형의 경우 1~2단을 추가하여 뜨개질합니다. 예를 들어, 머리통이 작은 인형(직냥이 등)은 줄여서 뜨개질하는 편이 좋고, 머리통의 둘레가 평균 사이즈에 해당하는 경우는(깜애옳 등) 굳이 늘리지 않아도 기본 도안으로 충분히 모자를 씌울 수 있습니다.

## 우비 모자 앞면

모자를 정면으로 두고 왼쪽 가장자리에서 시작합니다 ④.

🔗 **Link** 짧은뜨기 2코 모아뜨기 135쪽

| 26단 | 기둥사슬 1 — 짧은뜨기 12 — 긴뜨기 1 — 한길긴뜨기 1 — 긴뜨기 2코 모아뜨기 1 ⑤ — 짧은뜨기 8 — 긴뜨기 2코 모아뜨기 1 — 한길긴뜨기 1 — 긴뜨기 1 — 짧은뜨기 12 ⑥ (총 38코) |

⋏ : 모아뜨기

왼쪽 부분을 완성한 모습

26단을 완성한 모습

• HOW TO MAKE •

> **Skill** 긴뜨기 2코 모아뜨기  ⊼
>
> 긴뜨기 2코 모아뜨기는 짧은뜨기 2코 모아뜨기처럼, 모아뜨기를 할 코에 실을 걸어 한꺼번에 통과시키는 방법으로 코를 줄이는 뜨개질 방법입니다. 우비 도안의 앞면 테두리 가장자리에서 긴뜨기 2코 모아뜨기를 합니다.

**1** 긴뜨기를 하듯 바늘에 실을 걸고 코를 통과시켜 바늘에 실이 3가닥 걸리게 준비합니다.

**2** 모아뜨기를 할 다음 코에 다시 바늘에 실을 걸고 코에 밀어 넣은 후 실을 끄집어 냅니다. 바늘에 실이 다섯가닥 걸려있습니다.

**3** 바늘에 실을 걸고 한꺼번에 통과시켜 긴뜨기 2코 모아뜨기를 완성합니다.

## 우비 모자 목 둘레 여밈

헬멧 앞면을 마무리한 뒤 실을 끊지 않고 이어서 뜨개질합니다.

 **Tip** 목 둘레 여밈을 만들 때는 그림 도안도 함께 참고하세요.

**27단**   사슬뜨기 4 ❼ — 짧은뜨기 4 ❽ — [짧은뜨기 2코 모아뜨기 1, 짧은뜨기 1]×4회 반복 - 짧은뜨기 1 — 짧은뜨기 2코 모아뜨기 4 — [짧은뜨기 2코 모아뜨기 1, 짧은뜨기 1]×4회 반복 — 사슬뜨기 4 ❾ — 짧은뜨기 3 — 빼뜨기 (총 28코) ❿

🔗 **Link**   우비 모자 그림 도안 073쪽

27단은 사슬뜨기 4코로 시작합니다.

사슬뜨기 부분에 짧은뜨기 3코, 모자의 가장자리 뜨개질한 부분에 짧은뜨기 1코로 총 짧은뜨기 4코입니다.

목 부분을 모두 뜨개질한 후, 사슬뜨기 4코 뜨개질

27단은 모자 옆면 첫 번째 코에 빼뜨기하여 마무리합니다.

**우비 모자 앞쪽 마무리하기**

목 둘레를 만들고 실을 끊지 않고 이어서 뜨개질합니다.

28단    빼뜨기 12 — 짧은뜨기 2코 모아뜨기 2 ⑪ — 빼뜨기 6 — 짧은뜨기 2코 모아뜨기 2 ⑫⑬ — 빼뜨기 12 — 마무리 ⑭ (총 34코)

짧은뜨기 2코 모아뜨기 위치

짧은뜨기 2코 모아뜨기 위치

짧은뜨기 2코 모아뜨기 위치

우비의 모자 부분을 완성한 모습

##  우비 케이프

29단부터는 **케이프 도안**과 동일합니다. 만약 여기서 케이프를 달지 않으면 레슨 4의 헬멧처럼 활용할 수도 있습니다.  🔗 Link   케이프 도안 039쪽, 우비 만들기 045쪽

## HOW TO MAKE 꽃잎 모자

벙거지 챙 대신 꽃잎을 달아 꽃 모자를 만들어 보세요. 꽃잎 장식을 2단 추가할 수도 있고, 뾰족한 꽃잎을 만들 수도 있습니다.

### 🌸 둥근 꽃잎

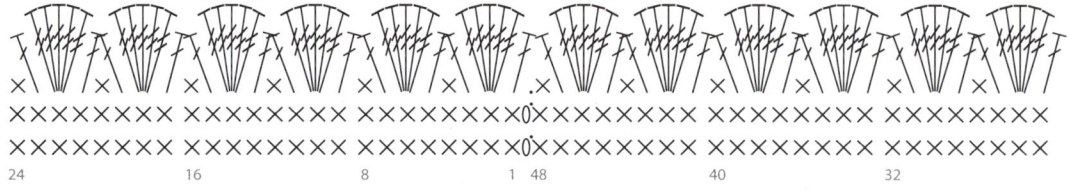

1단    [한길긴뜨기 1, 두길긴뜨기 5코 늘려뜨기 1, 한길긴뜨기1, 짧은뜨기 1]×12회 반복 —
       빼뜨기로 마무리 (총 96코)

꽃잎을 두 겹 겹치게 뜨개질하려면 모자 옆면을 뜨개질할 때 마지막에서 바로 앞의 단(13단까지 뜨개질할 경우 12단, 16단까지 뜨개질할 경우 15단)을 뒤이랑뜨기(짧은이랑뜨기)로 떠야 합니다. 뒤이랑뜨기는 떠야 할 코를 이루는 2가닥 중 뒤쪽 실에만 바늘을 넣어 뜨개질하는 기법입니다.

마지막에서 바로 앞 단을 뒤이랑뜨기로 뜨개질한 후, 마지막 단은 원래대로 뜨개질합니다. 모두 마무리한 후, 적당한 위치에서 다시 실을 연결해 겉으로 드러난 코에 두 번째 꽃잎 장식 단을 뜨개질합니다. 꽃잎이 교차하도록 뜨개질을 하면 더욱 예쁘게 만들 수 있습니다. 🔗 Link  이랑뜨기 115쪽

## Skill 두길긴뜨기 ⟊

두길긴뜨기(Treble Crochet: trc)는 처음에 바늘에 실을 두 번 감고 시작하는 방법입니다. 한길긴뜨기를 정확하게 익혔다면 두길긴뜨기도 쉽게 할 수 있습니다. 두길긴뜨기뿐만 아니라 세길긴뜨기, 네길긴뜨기 등 N길뜨기는 처음에 바늘에 실을 몇 번 감느냐를 표시한 것입니다. 우리 책에서는 두길긴뜨기 이상으로는 사용하지 않지만, 다른 도안에서 N길긴뜨기를 발견하더라도 당황하지 마세요.

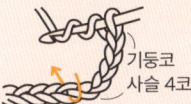    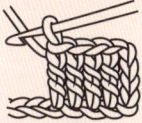

1 바늘에 실을 두 번 감습니다.

2 뜨개질을 할 코에 바늘을 넣습니다.

3 바늘에 실을 걸어서 코를 빼내면, 바늘에 실 4가닥이 걸린 상태를 확인할 수 있습니다.

4 바늘에 실을 감고, 앞쪽의 2가닥을 한꺼번에 통과합니다.

5 다시 실을 걸어서 남은 2가닥도 통과시키고, 같은 방식으로 한 번 더 반복합니다.

6 두길긴뜨기 1코가 완성되었습니다.

## 🌸 해바라기 꽃잎

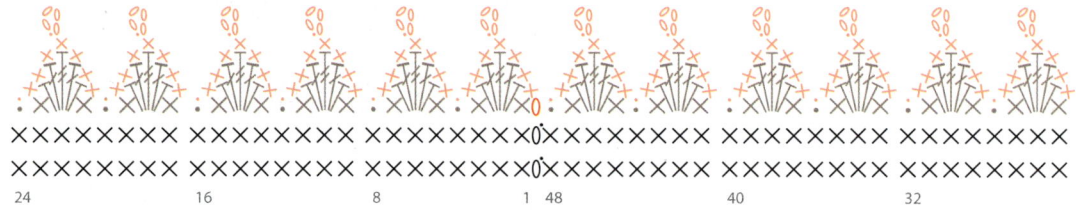

1단   기둥사슬 1 — [짧은뜨기 1, 긴뜨기 1, (같은 코에)한길긴뜨기 1, (같은 코에)두길긴뜨기 1, (같은 코에)한길긴뜨기 1, (같은 코에)긴뜨기 1, (다음 코에)짧은뜨기 1, 빼뜨기 1]×12 회 반복 — 빼뜨기로 연결 (총 96코)

2단   기둥사슬 1 —
꽃잎의 가장자리를 따라 [짧은뜨기 4, 사슬뜨기 4, 빼뜨기 1, 짧은뜨기 3, 빼뜨기 1]×12회 반복 — 빼뜨기로 연결 후 마무리

## 🌸 꽃받침과 줄기

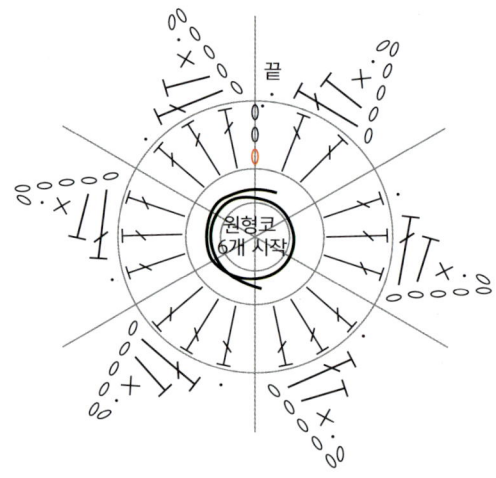

1단   원형코로 시작 — 기둥사슬 3 — 한길긴뜨기 17 — 빼뜨기로 연결 (총 17코) ❶
2단   [사슬뜨기 6 ❷, 한 코 띄우고, 빼뜨기 1, 짧은뜨기 1, 긴뜨기 1, 한길긴뜨기 1 ❸, 두 코 띄우고, 빼뜨기 연결]
×6회 반복 — 빼뜨기로 마무리 ❹

• HOW TO MAKE •

꽃받침 줄기는 끈뜨기(Crochet Code) 방식으로 만들었습니다. 철사와 함께 뜨개질하면 좀 더 빳빳한 줄기를 만들 수 있습니다 ❺❻.  🔗 **Link**  끈뜨기 140쪽

1단을 완성한 모습

사슬뜨기 6코

한 코 띄우고 빼뜨기 1, 짧은뜨기 1, 긴뜨기 1, 한길긴뜨기 1를 뜨개질합니다. 두 코를 띄우고 새 잎사귀를 시작합니다.

꽃받침을 완성한 모습

꼭지를 만들기 위해 실을 적당량 준비합니다.

끈뜨기 방법을 활용하여 꼭지를 만든 모습

꼭지와 꽃받침을 연결하고 모자의 정수리에 고정하여 꽃모자를 완성합니다.

 **귓구멍이 있는 모자 머리 부분**

### 🌸 윗부분 평평한 모양

동물 인형들의 귀가 모자 바깥으로 쏙 빠져나오는 모자를 만들어 봅시다.

뜨개질 순서: 🟡 ➡ 🟤
● : 귓구멍 표시

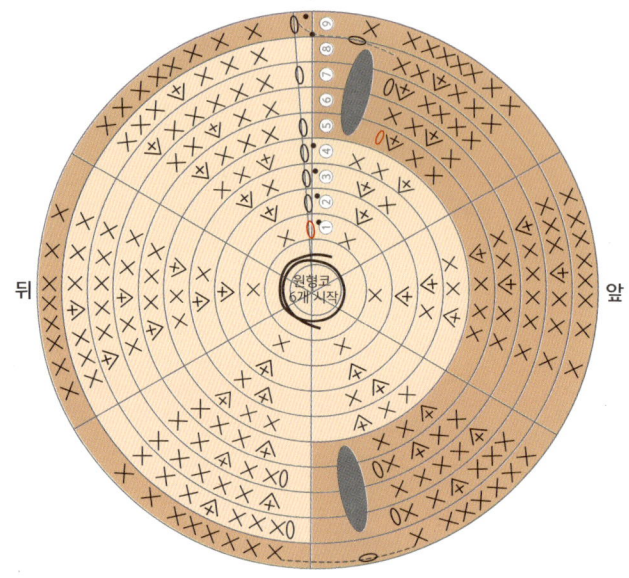

1단    원형코로 시작 — 기둥사슬 1 — 짧은뜨기 6 — 빼뜨기로 연결 (총 6코)
2단    기둥사슬 1 — 짧은뜨기 2코 늘려뜨기 6 — 빼뜨기로 연결 (총 12코)
3단    기둥사슬 1 — [짧은뜨기 1, 짧은뜨기 2코 늘려뜨기 1]×6회 반복 — 빼뜨기로 연결 (총 18코)
4단    기둥사슬 1 — [짧은뜨기 2코 늘려뜨기 1, 짧은뜨기 2]×6회 반복 — 빼뜨기로 연결 (총 24코)

### 뒤쪽 부채꼴

실을 끊지 않고 4단에서 바로 이어서 뜨개질합니다.

5단    기둥사슬 1 — [짧은뜨기 3, 짧은뜨기 2코 늘려뜨기 1]×3회 반복 (총 15코)
6단    기둥사슬 1 — [짧은뜨기 2, 짧은뜨기 2코 늘려뜨기 1, 짧은뜨기 2]×3회 반복 (총 18코)
7단    기둥사슬 1 — [짧은뜨기 5, 짧은뜨기 2코 늘려뜨기 1]×3회 반복 (총 21코)
8단    기둥사슬 1 — [짧은뜨기 3, 짧은뜨기 2코 늘려뜨기 1, 짧은뜨기 3]×3회 반복 — 마무리 (총 24코) ❶

### 앞쪽 부채꼴

뒤집어서 시작합니다 ❷.

5단    기둥사슬 1 — 짧은뜨기 2코 늘려뜨기 1 — 짧은뜨기 2 — 짧은뜨기 2코 늘려뜨기 1 — 짧은뜨기 3 — 짧은뜨기 2코 늘려뜨기 1 — 짧은뜨기 2 (총 13코)
6단    기둥사슬 1 — 짧은뜨기 1 — 짧은뜨기 2코 늘려뜨기 1 — 짧은뜨기 4 — 짧은뜨기 2코 늘려뜨기 1 — 짧은뜨기 3 — 짧은뜨기 2코 늘려뜨기 1 — 짧은뜨기 2 (총 16코)

| 7단 | 기둥사슬 1 — 짧은뜨기 2코 늘려뜨기 1 — 짧은뜨기 4 - 짧은뜨기 2코 늘려뜨기 1 — 짧은뜨기 5 — 짧은뜨기 2코 늘려뜨기 1 — 짧은뜨기 4 (총 19코) |
|---|---|
| 8단 | 기둥사슬 1 — 짧은뜨기 2 — [짧은뜨기 2코 늘려뜨기 1, 짧은뜨기 6]×2회 반복 — 짧은뜨기 2코 늘려뜨기 1 — 짧은뜨기 2 — 마무리 (총 22코) ❸ |

## 연결하기

먼저 사슬뜨기 1코를 만들고 뒤쪽 부채꼴 첫 번째 코에 빼뜨기로 연결합니다 ❹.

| 9단 | 기둥사슬 1 ❺ — 짧은뜨기 24 — 사슬뜨기 1 ❻ — ❼ 짧은뜨기 23 — 빼뜨기로 연결 ❽ (총 48코) |
|---|---|

## 모자 옆면

| 10~13단 | 기둥사슬 1 — 짧은뜨기 48 — 빼뜨기 연결 (총 48코) ❾ |
|---|---|

> **Tip** 인형의 머리통 모양이나 크기에 따라 14단이나 15단까지 늘려서 뜨개질해도 됩니다.

8단까지 완성한 모습

직물을 뒤집고 한 코 띄워 시작

앞쪽 부채꼴까지 모두 완성한 모습

사슬뜨기 1코를 만들고 뒤쪽 부채꼴의 첫 번째 코에 빼뜨기합니다.

기둥사슬 1을 만들고 짧은뜨기로 9단을 시작합니다.

뒤쪽 부채꼴을 따라 뜨개질을 한 후, 사슬뜨기 1코를 만들고 앞쪽 부채꼴 첫 번째 코에 바늘을 집어넣습니다.

기둥코를 만들지 않고 바로 짧은뜨기합니다.

뒤쪽 부채꼴과 앞쪽 부채꼴을 연결한 모습

옆면까지 이어서 뜨개질한 모습

## 윗부분 둥근 모양

뜨개질 순서: ○ ➡ ●
● : 귓구멍 표시

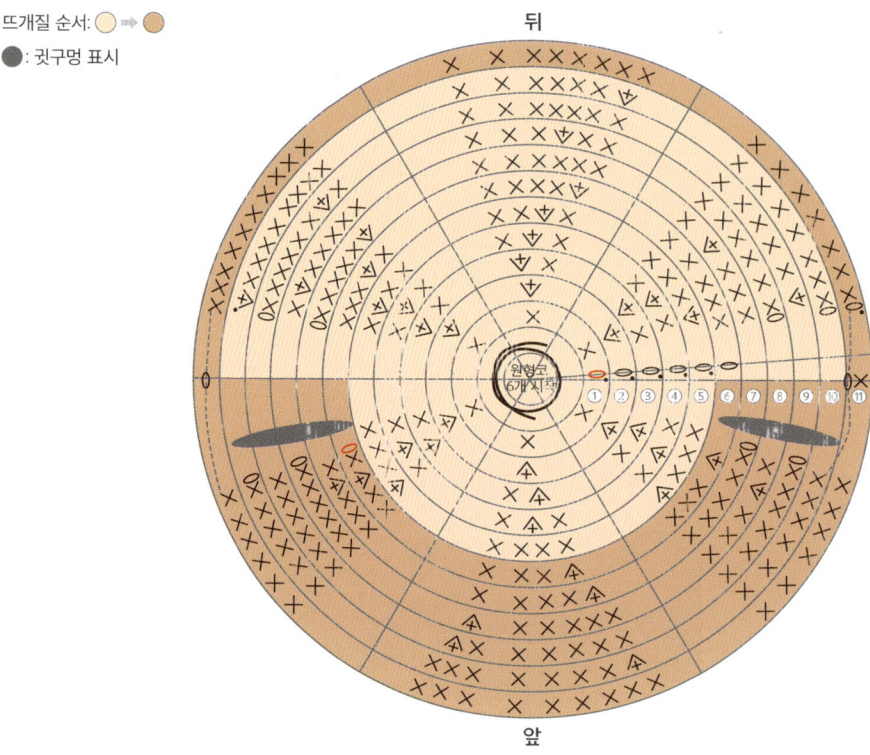

| | |
|---|---|
| 1단 | 원형코로 시작 — 기둥사슬 1 — 짧은뜨기 6 — 빼뜨기로 연결 (총 6코) |
| 2단 | 기둥사슬 1 — 짧은뜨기 2코 늘려뜨기 6 (총 12코) — 빼뜨기로 연결 |
| 3단 | 기둥사슬 1 — [짧은뜨기 1, 짧은뜨기 2코 늘려뜨기 1]×6회 반복 (총 18코) — 빼뜨기로 연결 |
| 4단 | 기둥사슬 1 — [짧은뜨기 1, 짧은뜨기 2코 늘려뜨기 1, 짧은뜨기 1]×6회 반복 (총 24코) — 빼뜨기로 연결 |
| 5단 | 기둥사슬 1 — [짧은뜨기 2코 늘려뜨기 1, 짧은뜨기 4]×4회 반복 — 짧은뜨기 2코 늘려뜨기 1 — 짧은뜨기 3 (총 29코) |

마무리하지 않고 바로 이어서 뒤쪽 부채꼴을 뜨개질합니다.

### 뒤쪽 부채꼴

| | |
|---|---|
| 6단 | 기둥사슬 1 — [짧은뜨기 5, 짧은뜨기 2코 늘려뜨기 1]×2회 반복 — 짧은뜨기 3 (총 17코) |
| 7단 | 기둥사슬 1 — 짧은뜨기 5 — 짧은뜨기 2코 늘려뜨기 1 — 짧은뜨기 7 — 짧은뜨기 2코 늘려뜨기 1 — 짧은뜨기 3 (총 19코) |
| 8단 | 기둥사슬 1 — [짧은뜨기 8, 짧은뜨기 2코 늘려뜨기 1]×2회 반복 — 짧은뜨기 1 (총 21코) |
| 9단 | 기둥사슬 1 — 짧은뜨기 6 — 짧은뜨기 2코 늘려뜨기 1 — 짧은뜨기 13 — 짧은뜨기 2코 늘려뜨기 1 (총 23코) |
| 10단 | 기둥사슬 1 — 짧은뜨기 7 — 짧은뜨기 2코 늘려뜨기 1 — 짧은뜨기 14 — 짧은뜨기 2코 늘려뜨기 1 — 마무리 ❶ (총 25코) |

### 앞쪽 부채꼴

한 코 띄우고 시작합니다 ❷.

| 6단 | 기둥사슬 1 — 짧은뜨기 1 — 짧은뜨기 2코 늘려뜨기 1 — 짧은뜨기 5 — 짧은뜨기 2코 늘려뜨기 1 — 짧은뜨기 3 — 짧은뜨기 2코 늘려뜨기 1 (총 15코) |
|---|---|
| 7단 | 기둥사슬 1 — 짧은뜨기 5 — 짧은뜨기 2코 늘려뜨기 1 — 짧은뜨기 7 — 짧은뜨기 2코 늘려뜨기 1 — 짧은뜨기 1 (총 17코) |
| 8단 | 기둥사슬 1 — 짧은뜨기 6 — 짧은뜨기 2코 늘려뜨기 1 — 짧은뜨기 8 - 짧은뜨기 2코 늘려뜨기 1 — 짧은뜨기 1 (총 19코) |
| 9단 | 기둥사슬 1 — 짧은뜨기 12 — 짧은뜨기 2코 늘려뜨기 1 — 짧은뜨기 6 (총 20코) |
| 10단 | 기둥사슬 1 — 짧은뜨기 13 — 짧은뜨기 2코 늘려뜨기 1 — 짧은뜨기 6 — 사슬뜨기 1 — 빼뜨기로 뒤쪽 부채꼴에 연결 ❸ (총 22코) |

### 연결하기

| 11단 | 기둥사슬 1 — 짧은뜨기 25 — 사슬뜨기 1 — 짧은뜨기 22 — 빼뜨기 연결 ❹ (총 48코) |
|---|---|

> **Tip** 연결 방법은 평평한 모자 윗부분과 똑같으니 083쪽을 살펴보세요.

뒤쪽 부채꼴을 완성한 모습

평평한 모자 윗부분은 직물을 뒤집고 한 코를 띄우고 시작합니다. 둥근 모자 윗부분은 뒤집지 않고 앞면에서 한 코를 띄우고 시작합니다.

뒤쪽 부채꼴과 앞쪽 부채꼴을 연결하는 모습

11단을 완성한 모습

### 모자 옆면

| 12~16단 | 기둥사슬 1 — 짧은뜨기 48 — 빼뜨기로 연결 (총 48코) |
|---|---|

🔗 **Link**  벙거지 챙 070쪽, 볼캡 챙 071쪽, 우비 모자 073쪽, 꽃잎 모자 078쪽

과일 꼭지를 달아서 과일 모자를 만들거나 동물 귀를 달아 동물 모자를 만들어 보세요.

🔗 Link 과일 꼭지 도안 089쪽

🔗 Link 동물 귀 도안 093쪽

실의 색을 바꿔가며 만들면 줄무늬 모자를 만들 수 있습니다. 혹은 귀도리와 함께 만들어서 겨울 세트를 만들어 보세요.

뒤이랑뜨기 기법으로 모자에 무늬를 넣으면 밀짚 모자처럼 연출할 수 있습니다. 앞쪽 부채꼴과 뒤쪽 부채꼴을 뜨개질할 때 뒤이랑뜨기와 앞이랑뜨기를 번갈아 합니다. 빼뜨기로 모자의 가운데에 밝은색 실로 꾸미면 모자 끈을 만들 수도 있습니다.

• LEVEL UP •

> **Note** 무늬가 있는 밀짚 모자를 만들자
>
> 앞쪽 부채꼴과 뒤쪽 부채꼴을 뜨개질할 때 단마다 뒤이랑뜨기와 앞이랑뜨기를 번갈아 만들면 밀짚 모자의 질감을 표현할 수 있습니다. 아래의 예시를 확인하고 감을 잡아 보세요. 귓구멍이 있는 윗부분 둥근 모양 모자로 만들 때를 기준으로 예시를 작성했습니다.
>
> **2~5단** (부채꼴 만들기 이전) 뒤이랑뜨기 / **6단** 뒤이랑뜨기 / **7단** 앞이랑뜨기 / **8단** 뒤이랑뜨기 / **9단** 앞이랑뜨기 / **10단** 뒤이랑뜨기 / **11단~끝까지** 뒤이랑뜨기
>
> 🔗 Link 이랑뜨기 하는 법 115쪽

꽃잎 모자 만들기에서 둥근 꽃잎 장식을 1단만 추가하고 문어 입과 눈을 달아 문어 모자를 만들 수 있습니다.

> **Note** 문어 입 만들기

원형코로 시작 — 기둥사슬 3 — 한길긴뜨기 6 — 빼뜨기로 마무리

087

### 이럴 땐 어떡하죠? 정수리에 토끼 귀가 있어요

**1단** 사슬뜨기 24 — 빼뜨기로 연결 (총 24코) ①

**2단** 기둥사슬 3 — 한길긴뜨기 1 — 한길긴뜨기 2코 늘려뜨기 1 — 긴뜨기 2 — 짧은뜨기 1 — 짧은뜨기 2코 늘려뜨기 1 — [짧은뜨기 3, 짧은뜨기 2코 늘려뜨기 1]×3회 반복 — 짧은뜨기 2 — 긴뜨기 1 — 긴뜨기 2코 늘려뜨기 1 — 한길긴뜨기 2 — 빼뜨기로 연결 (총 30코) ②

**3단** 기둥사슬 3 — 한길긴뜨기 2 — (한 코에)한길긴뜨기 1, 긴뜨기 1 — 긴뜨기 2 — [짧은뜨기 2, 짧은뜨기 2코 늘려뜨기 1, 짧은뜨기 2]×4회 반복 — 긴뜨기 2 — (한 코에)긴뜨기 1, 한길긴뜨기 1 — 한길긴뜨기 2 — 빼뜨기로 연결 (총 36코) ③

4단부터는 기본 모자 윗부분 평평한 모양의 7단부터 똑같이 뜨개질합니다 ④ ⑤ ⑥.

🔗 **Link** 기본 모자 윗부분 평평한 모양 067쪽

양끝을 빼뜨기로 연결합니다.

2단을 완성한 모습

3단을 완성한 모습

4단을 완성한 모습

모자 옆면은 인형의 머리에 씌워보면서 적당한 높이까지 뜨개질합니다.

완성한 모자를 정수리에서 본 모습

벙거지를 응용한 모습

볼캡을 응용한 모습

**LESSON 06**

# 과일 꼭지

헬멧이나 모자에 달아 과일처럼 꾸밀 수 있도록 과일 꼭지 도안을 준비했습니다.
쉽게 따라 할 수 있는 과일 꼭지로 내 인형을 과일의 요정처럼 꾸며 봅시다!

**READY**

**실:** 면 50g (약 160m) 2.5~3.0mm 바늘용
**게이지:** 28코×38단 (2.5~3.0mm 바늘, 10×10cm 메리야스 무늬)
**바늘:** 코바늘 3.0mm (5/0호)

 ## 토마토 or 딸기 꼭지

### 🌸 큰 사이즈

인형 모자의 정수리에 장식할 수 있는 큰 사이즈의 꼭지입니다.

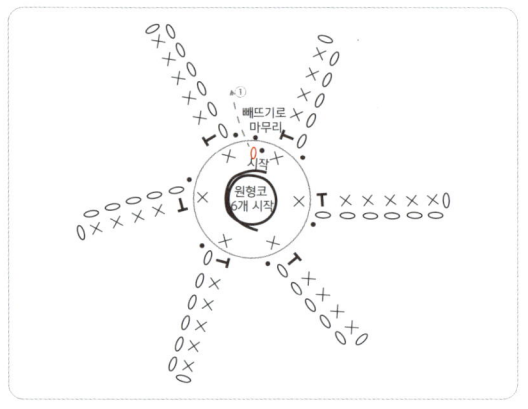

| | |
|---|---|
| **1단** | 원형코로 시작 — 기둥사슬 1 — 짧은뜨기 6 (총 6코) |
| **잎사귀 1번** | 사슬뜨기 7 — 한 코 띄우고 — 짧은뜨기 5 — 긴뜨기 1 — 다음 코에 빼뜨기로 연결 |
| **잎사귀 2번** | 사슬뜨기 6 — 한 코 띄우고 — 짧은뜨기 4 — 긴뜨기 1 — 다음 코에 빼뜨기로 연결 |
| **잎사귀 3번~6번** | 잎사귀 1번과 2번을 반복해서 총 6개를 만들고 빼뜨기로 마무리 |

### 🌸 작은 사이즈

인형용 가방을 장식할 수 있는 작은 사이즈의 꼭지입니다.

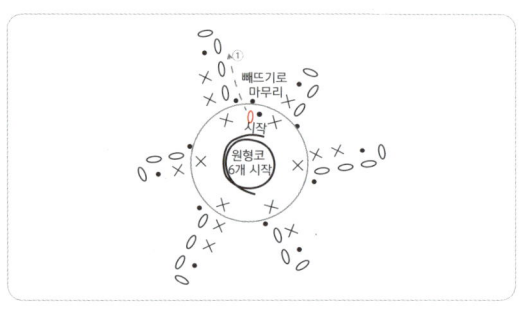

| | |
|---|---|
| **1단** | 원형코로 시작 - 기둥사슬 1 - 짧은뜨기 6 (총 6코) |
| **잎사귀 1번** | 사슬뜨기 4 - 한 코 띄우고 - 빼뜨기 1 - 짧은뜨기 2 - 다음 코에 빼뜨기로 연결 |
| **잎사귀 2번** | 사슬뜨기 3 - 한 코 띄우고 - 빼뜨기 1 - 짧은뜨기 1 - 다음 코에 빼뜨기로 연결 |
| **잎사귀 3번~6번** | 잎사귀 1번과 2번을 반복해서 총 6개를 만들고 빼뜨기로 마무리 |

## 잎사귀

### 🌸 양쪽 잎사귀

모자에 많이 쓰는 크기로 사과, 복숭아, 레몬의 꼭지가 됩니다.

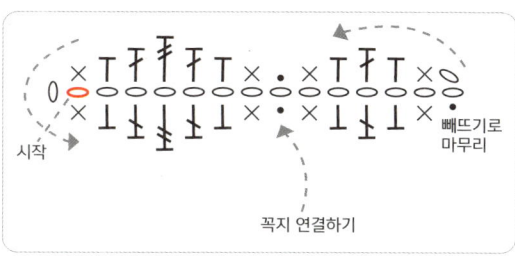

1. 사슬뜨기 15
2. (한 코 띄우고)짧은뜨기 1 — 긴뜨기 1 — 한길긴뜨기 1 — 긴뜨기 1 — 짧은뜨기 1 — 빼뜨기 1 — 짧은뜨기 1 — 긴뜨기 1 — 한길긴뜨기 1 — 두길긴뜨기 1 — 한길긴뜨기 1 -긴뜨기 1 — 짧은뜨기 1
3. 사슬뜨기 1
4. (반대쪽에 이어서) 짧은뜨기 1 — 긴뜨기 1 — 한길긴뜨기 1 — 두길긴뜨기 1 — 한길긴뜨기 1 — 긴뜨기 1 — 짧은뜨기 1 — 빼뜨기 1 — 짧은뜨기 1 — 긴뜨기 1 — 한길긴뜨기 1 — 긴뜨기 1 — 짧은뜨기 1 — 빼뜨기로 마무리

### 🌸 큰 잎사귀

가방이나 모자에 달아서 장식하는 커다란 한쪽 잎사귀입니다.

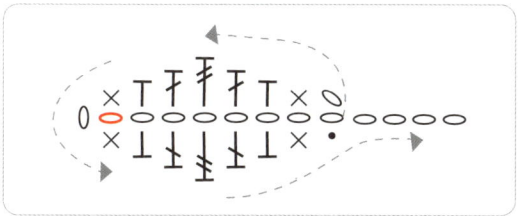

1. 사슬뜨기 9
2. 짧은뜨기 1 — 긴뜨기 1 — 한길긴뜨기 1 — 두길긴뜨기 1 — 한길긴뜨기 1 — 긴뜨기 1 — 짧은뜨기 1
3. 사슬뜨기 1
4. (반대쪽에 이어서) 짧은뜨기 1 — 긴뜨기 1 — 한길긴뜨기 1 — 두길긴뜨기 1 — 한길긴뜨기 1 — 긴뜨기 1 — 짧은뜨기 1 — 빼뜨기로 마무리

> **Tip** 잎사귀에 가지를 이어 달고 싶으면 빼뜨기로 마무리를 하지 않고 빼뜨기 이후에 사슬뜨기 3~4개를 이어 뜨개질한 후에 마무리합니다.

• HOW TO MAKE •

> **Note** 큰 잎사귀를 사슴 귀로 만들자
> 잎사귀에 가지를 달지 않고 사슴 귀로 사용할 수 있습니다. 사슴뿔(098쪽)과 함께 모자에 달아 동물 귀로 활용해 보세요.

## 🌸 중간 잎사귀

가방이나 모자에 달아서 장식하는 중간 크기의 한쪽 잎사귀입니다.

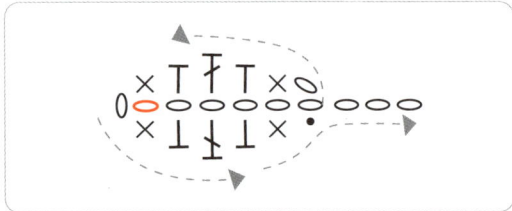 

1. 사슬뜨기 7
2. (한 코 띄우고)짧은뜨기 1 − 긴뜨기 1 − 한길긴뜨기 1 − 긴뜨기 1 − 짧은뜨기 1
3. 사슬뜨기 1
4. (반대쪽에 이어서) 짧은뜨기 1 − 긴뜨기 1 − 한길긴뜨기 1 − 긴뜨기 1 − 짧은뜨기 1 − 빼뜨기로 마무리

>  **Tip** 큰 크기의 한쪽 잎사귀처럼 여기서도 잎사귀에 가지를 이어 달고 싶으면, 빼뜨기로 마무리를 하지 않고 빼뜨기 이후에 사슬뜨기 3~4개를 이어 뜨개질한 후에 마무리합니다.

## 🌸 작은 잎사귀

가방에 달 수 있는 작은 크기의 한쪽 잎사귀입니다.  🔗 **Link** 귤 or 사과 가방 도안 134쪽

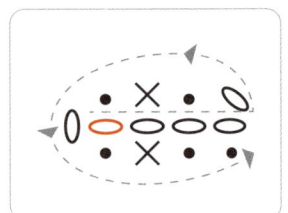 

1. 사슬뜨기 5
2. 빼뜨기 1 − 짧은뜨기 1 − 빼뜨기 1
3. 사슬뜨기 1
4. (반대쪽에 이어서) 빼뜨기 1 − 짧은뜨기 1 − 빼뜨기 1 − 빼뜨기로 마무리

## LESSON 07

# 모자에 붙이는 동물 귀

내 인형은 이미 동물 인형이지만 토끼도 될 수 있고 햄스터도 될 수 있다고!
그런 당신을 위한 동물 귀 도안을 소개합니다. 모자 도안에 달아 어떤 동물이든 만들어 보세요!

### READY

**실:** 면 50g (약 160m) 2.5~3.0mm 바늘용
**게이지:** 28코×38단 (2.5~3.0mm 바늘, 10×10cm 메리야스 무늬)
**바늘:** 코바늘 3.0mm (5/0호)
**인형 사이즈:** 10cm 인형

##  쥐와 햄스터의 귀

똑같이 2개를 만들어 양쪽 귀를 준비합니다.

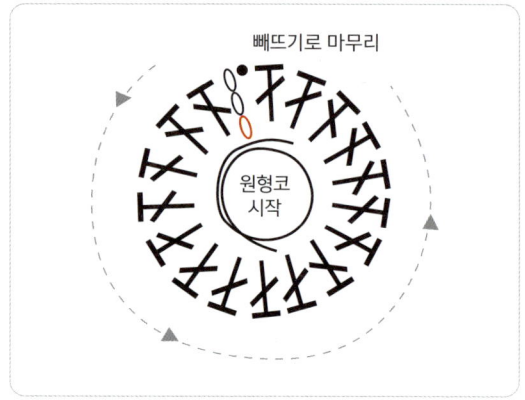

원형코로 시작 — 기둥사슬 3 — 한길긴뜨기 17 — 빼뜨기로 마무리

 ## 곰돌이 귀 or 개구리 눈

똑같이 2개를 만들어 양쪽 귀를 준비합니다.

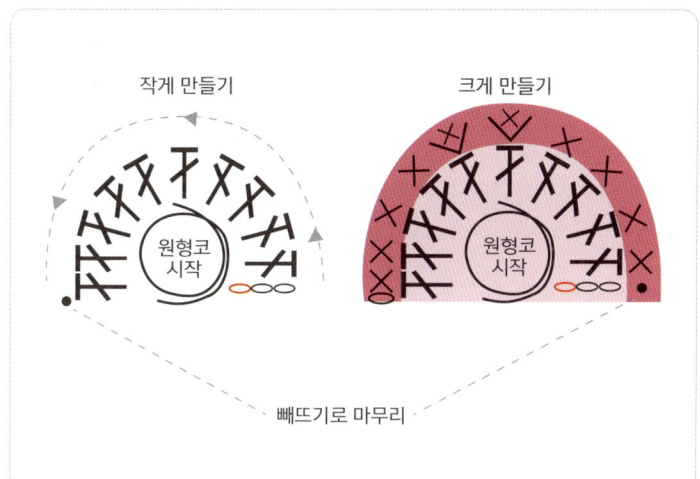

### 작게 만들기

원형코로 시작 — 기둥사슬 3 — 한길긴뜨기 10 — 빼뜨기로 마무리(실을 당겨 모양 만들기)

### 크게 만들기

| | |
|---|---|
| 1단 | 원형코로 시작 — 기둥사슬 3 — 한길긴뜨기 10(실을 당겨 모양 만들기) |
| 2단 | 기둥사슬 1 — 짧은뜨기 4 — 짧은뜨기 2코 늘려뜨기 2 — 짧은뜨기 4 — 빼뜨기로 마무리 |

 ## 고양이 귀

똑같이 2개를 만들어 양쪽 귀를 준비합니다.

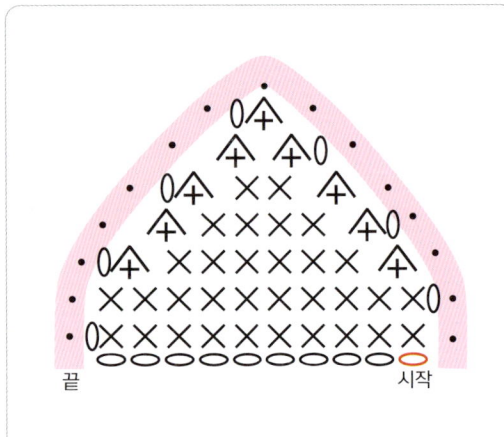

| 1단 | 사슬뜨기 10 |
| --- | --- |
| 2단 | 기둥사슬 1 — 짧은뜨기 10 |
| 3단 | 기둥사슬 1 — 짧은뜨기 10 |
| 4단 | 기둥사슬 1 — 짧은뜨기 2코 모아뜨기 1 — 짧은뜨기 6 — 짧은뜨기 2코 모아뜨기 1 (총 8코) |
| 5단 | 기둥사슬 1 — 짧은뜨기 2코 모아뜨기 1 — 짧은뜨기 4 — 짧은뜨기 2코 모아뜨기 1 (총 6코) |
| 6단 | 기둥사슬 1 — 짧은뜨기 2코 모아뜨기 1 — 짧은뜨기 2 — 짧은뜨기 2코 모아뜨기 1 (총 4코) |
| 7단 | 기둥사슬 1 — 짧은뜨기 2코 모아뜨기 2 (총 2코) |
| 8단 | 기둥사슬 1 — 짧은뜨기 2코 모아뜨기 1 — 마무리 (총 1코) |
| 9단 | 오른쪽 아래에서 시작하여 가장자리를 따라 빼뜨기 |

8단까지 뜨개질한 모습

가장자리를 따라 빼뜨기를 합니다.

 ## 강아지와 토끼의 귀

### 🌸 강아지 귀

똑같이 2개를 만들어 양쪽 귀를 준비합니다.

**기둥**    코 만들기 — 사슬뜨기 8
**아랫부분** (기둥에 이어서) 빼뜨기 1 — 짧은뜨기 2 — 긴뜨기 2 — 한길긴뜨기 1 —
(마지막 코에) 한길긴뜨기 3코 늘려뜨기 1
**윗부분**  (아랫부분의 마지막 코에) 한길긴뜨기 2코 늘려뜨기 1 — 한길긴뜨기 1 — 긴뜨기 2 — 짧은뜨기 2 —
빼뜨기 1 — 마무리

### 🌸 토끼 귀

강아지 귀와 같은 방법이나 길이를 길게 뜨개질합니다. 똑같이 2개를 만들어 양쪽 귀를 준비합니다.

**기둥**    코 만들기 — 사슬뜨기 14
**아랫부분** (기둥에 이어서) 빼뜨기 2 — 짧은뜨기 5 — 긴뜨기 4 — 한길긴뜨기 1 —
(마지막 코에) 한길긴뜨기 3코 늘려뜨기 1
**윗부분**  (아랫부분의 마지막 코에) 한길긴뜨기 2코 늘려뜨기 1 — 한길긴뜨기 1 — 긴뜨기 4 — 짧은뜨기 5 —
빼뜨기 2 — 마무리

## HOW TO MAKE 사슴뿔

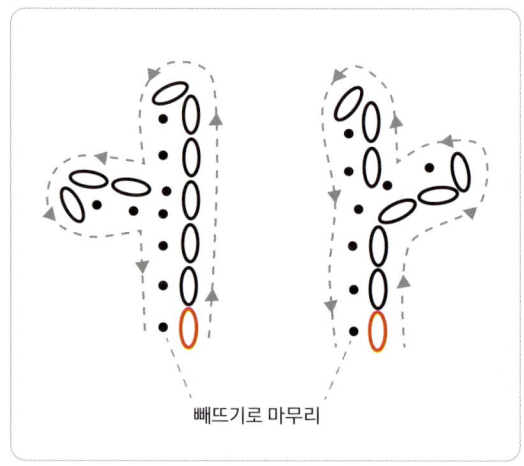

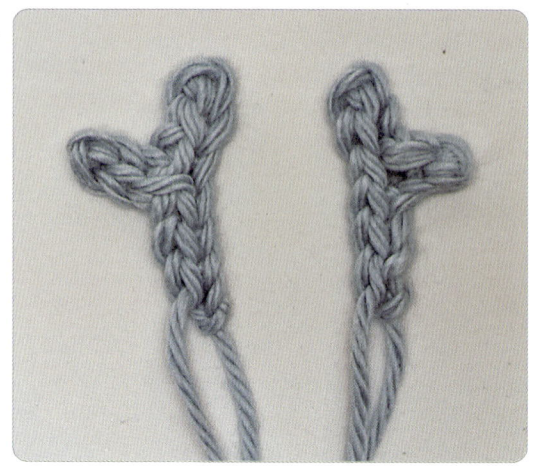

**왼쪽 뿔**

코 만들기 — 사슬뜨기 7 — 한 코 띄우고 — 빼뜨기 3 — 사슬뜨기 3 — 한 코 띄우고 — 빼뜨기 6 — 마무리

**오른쪽 뿔**

코 만들기 — 사슬뜨기 6 — 한 코 띄우고 — 빼뜨기 2 — 사슬뜨기 3 — 한 코 띄우고 — 빼뜨기 6 — 마무리

· CHAPTER 03 ·

# 중급
# 코바늘 도안

**LESSON 08**

# 카디건

패션은 개성을 표현하는 중요한 포인트죠. 내 인형을 위해 패션의 기본 아이템인 옷 만들기를 해봅시다.
카디건은 어떻게 꾸미는가에 따라 원하는 콘셉트를 연출할 수 있는 좋은 아이템이랍니다.
장식에 따라 무엇이든 만들 수 있답니다.

### READY

**실:** 면 50g (약 160m) 2.5~3.0mm 바늘용
**게이지:** 28코×38단 (2.5~3.0mm 바늘, 10×10cm 메리야스 무늬)
**바늘:** 코바늘 3.0mm (5/0호)
**인형 사이즈:** 10cm 인형 (몸통 둘레 13cm)

## HOW TO MAKE 기본 카디건

뜨개질 순서: ○ ➡ ○
● : 팔소매 구멍 표시

| 1단 | 사슬뜨기 28 (총 28코) |
| --- | --- |
| 2단 | 기둥사슬 1 — 짧은뜨기 28 (총 28코) |
| 3단 | 기둥사슬 1 — 짧은뜨기 2코 늘려뜨기 1 — 짧은뜨기 3 — 한길긴뜨기 2코 늘려뜨기 4 — 짧은뜨기 12 — 한길긴뜨기 2코 늘려뜨기 4 — 짧은뜨기 3 — 짧은뜨기 2코 늘려뜨기 1 (총 38코) ❶ |
| 4단 | 기둥사슬 1 — 짧은뜨기 38 (총 38코) ❷ |
| 5단 | 기둥사슬 1 — 짧은뜨기 2코 늘려뜨기 1 — 짧은뜨기 4 — 사슬뜨기 5 ❸ — ❹ 짧은뜨기 12 — 사슬뜨기 5 — 짧은뜨기 4 — 짧은뜨기 2코 늘려뜨기 1 (총 34코) ❺ |
| 6단 | 기둥사슬 1 — 짧은뜨기 17 — 짧은뜨기 2코 늘려뜨기 1 — 짧은뜨기 16 (총 35코) |
| 7단 | 기둥사슬 1 — 짧은뜨기 35 — 마무리 (총 35코) ❻ |

3단까지 뜨개질한 모습

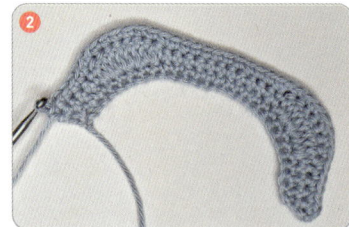

4단까지 뜨개질한 모습

사슬뜨기 5코

소매를 만드는 모습

5단을 완성한 모습

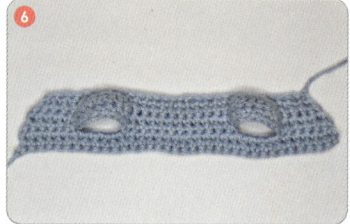

7단까지 완성한 모습

## 🌸 가장자리

(시작점에서)기둥사슬 2 ❼ — 긴뜨기 27 — (모서리에서)긴뜨기 2코 늘려뜨기 1 ❽ — 긴뜨기 5 — (모서리에서)긴뜨기 3코 늘려뜨기 1 ❾ — 긴뜨기 33 — (모서리에서)긴뜨기 3코 늘려뜨기 1 — 긴뜨기 5 — 빼뜨기로 마무리 ❿ (총 78코)

가장자리 뜨개질 시작 위치　　위쪽 모서리에 긴뜨기 2코 늘려뜨기　　아래쪽 모서리에 긴뜨기 3코 늘려뜨기

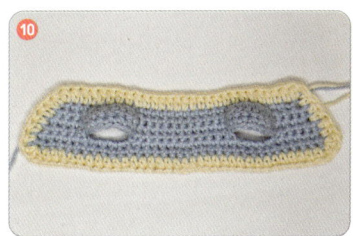

완성한 모습

## HOW TO MAKE 베스트

뜨개질 순서: 🟡 ➡ 🟤
⚫ : 팔소매 구멍 표시

| 1단 | 사슬뜨기 28 (총 28코) |
|---|---|
| 2단 | 기둥사슬 1 — 짧은뜨기 28 (총 28코) |
| 3단 | 기둥사슬 1 — 짧은뜨기 2코 늘려뜨기 1 — 짧은뜨기 3 — 짧은뜨기 2코 늘려뜨기 4 — 짧은뜨기 12 — 짧은뜨기 2코 늘려뜨기 4 — 짧은뜨기 3 — 짧은뜨기 2코 늘려뜨기 1 (총 38코) ❶ |
| 4단 | 기둥사슬 1 — 짧은뜨기 5 — 빼뜨기 8 — 짧은뜨기 12 — 빼뜨기 8 — 짧은뜨기 5 (총 38코) ❷ |
| 5~7단 | 기본 카디건 도안의 5~7단과 동일합니다. |

### 🌸 가장자리

**기본 카디건** 도안과 비슷하지만, 긴뜨기가 아니라 짧은뜨기로 뜨개질합니다.

기둥사슬 1 — 짧은뜨기 27 — 짧은뜨기 2코 늘려뜨기 1 — 짧은뜨기 5 — (모서리에)짧은뜨기 3코 늘려뜨기 1 — 짧은뜨기 33 — (모서리에)짧은뜨기 3코 늘려뜨기 1 — 짧은뜨기 5 — 빼뜨기로 마무리 (총 78코) ❸

3단을 완성한 모습

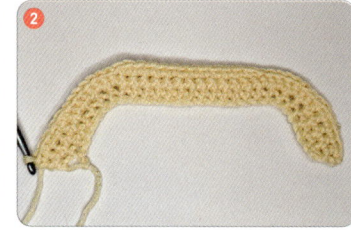

4단을 완성한 모습

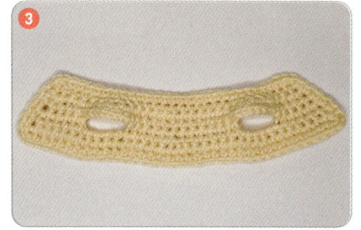

소매가 짧은 베스트를 완성한 모습

 **벨트**

산타 의상에 잘 어울리는 벨트를 만들어 봅시다.

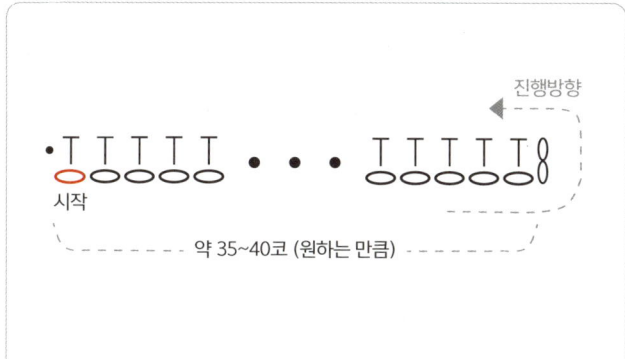

사슬뜨기 35~40 — 기둥사슬 2 — 긴뜨기(사슬뜨기 콧수에 맞춰) — 빼뜨기로 마무리

벨트의 길이를 정할 때는 인형 몸통의 허리 둘레에 따라 원하는 길이만큼 사슬뜨기 콧수를 늘리거나 줄일 수 있습니다. 일반적으로 10cm 인형은 몸통 둘레 13cm 정도이기 때문에, 사슬뜨기 35~40개 정도면 충분합니다.

가장자리를 수면사로 뜨개질하고 벨트를 연결해 산타 의상을 만든 모습

정통 산타 의상

Link 산타 모자 도안 151쪽

# HOW TO MAKE 카디건 단추 (선택)

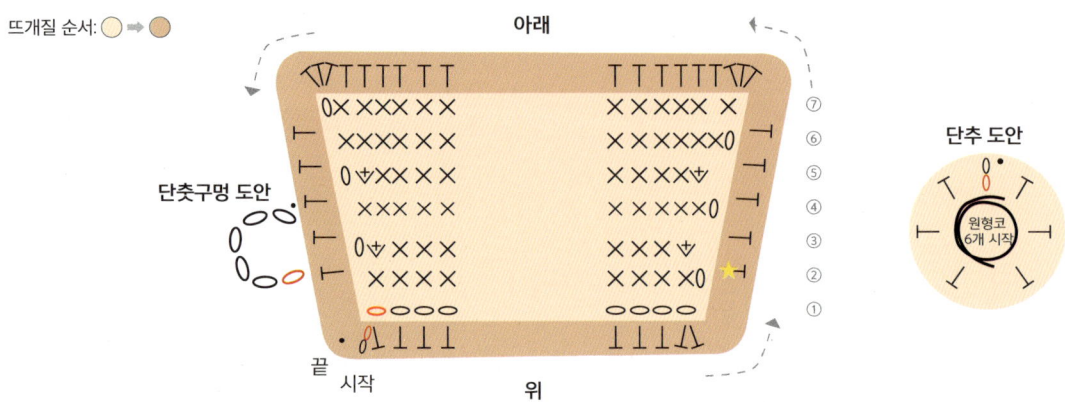

## 단추
원형코로 시작 — 기둥사슬 2 — 긴뜨기 6 — 빼뜨기로 연결 후 마무리

## 단춧구멍
적당한 위치에 빼뜨기로 실을 연결하고 사슬뜨기 5~6개를 뜨개질한 후 다시 적당한 위치에 빼뜨기로 마무리합니다.

> **Note** 여밈 스타일 정하기
>
> 여밈은 뜨개 단추를 달거나 후크를 달아 만들 수 있습니다. 만들고 싶은 의상의 콘셉트에 따라 여밈 스타일을 정해보세요.

뜨개 단추 여밈 | 후크를 달아 완성한 모습

### 🟣 후드 점퍼

챕터 2의 레슨 5의 **우비 모자**를 만든 후, 케이프를 다는 위치에 카디건을 뜨개질하면 후드 점퍼를 만들 수 있습니다. 콧수가 1개 차이 나지만 크게 드러나지 않으므로 그대로 뜨개질하면 됩니다.

 우비 모자 도안 073쪽

후드 점퍼를 만든 모습

후드 점퍼 착용사진

똘병도 임금님이 될 수 있다고

### 이럴 땐 어떡하죠? 몸통이 유난히 큰 인형을 위한 카디건

같은 10cm 인형이라도 몸통이 유난히 뚱뚱한 인형들이 있습니다. 아래 도안을 참고하여 만들어 보세요.

**사이즈 늘리기**

- 1단　**사슬뜨기 32** (총 32코)
- 2단　기둥사슬 1 — 짧은뜨기 32 (총 32코)
- 3단　기둥사슬 1 — 짧은뜨기 2코 늘려뜨기 1 — **짧은뜨기 4** — 한길긴뜨기 2코 늘려뜨기 4 — **짧은뜨기 14** — 한길긴뜨기 2코 늘려뜨기 4 — **짧은뜨기 4** — 짧은뜨기 2코 늘려뜨기 1 (총 42코)
- 4단　기둥사슬 1 — 짧은뜨기 42 (총 42코)
- 5단　기둥사슬 1 — 짧은뜨기 2코 늘려뜨기 1 — 짧은뜨기 5 — 사슬뜨기 5 — 짧은뜨기 14 — 사슬뜨기 5 — 짧은뜨기 5 — 짧은뜨기 2코 늘려뜨기 1 (총 38코)
- 6단　기둥사슬 1 — 짧은뜨기 19 — 짧은뜨기 2코 늘려뜨기 1 — 짧은뜨기 18 (총 39코)
- 7단　기둥사슬 1 — 짧은뜨기 39 — 마무리 (총 39코)

인형의 목 둘레, 몸통 둘레, 몸통 모양을 확인하여 앞판이나 등판을 늘릴 때에는 3단의 짧은뜨기 부분의 콧수를 늘린다 생각하고, 1단 시작할 때의 콧수를 계산하면 됩니다.

**LESSON 09**

# 원피스

치맛단을 풍성하게 만들어 우아한 드레스를 만들 수 있습니다.
기본 원피스, 우아한 드레스, 심플한 실루엣까지 원하는 대로 만들어 보세요!

**READY**

**실:** 면 50g (약 160m) 2.5~3.0mm 바늘용
**게이지:** 28코×38단 (2.5~3.0mm 바늘, 10×10cm 메리야스 무늬)
**바늘:** 코바늘 3.0mm (5/0호)
**인형 사이즈:** 10cm 인형 (몸통 둘레 13cm)

## HOW TO MAKE 기본 원피스

◯ : 몸통  ● : 소매  ◯ : 치맛단

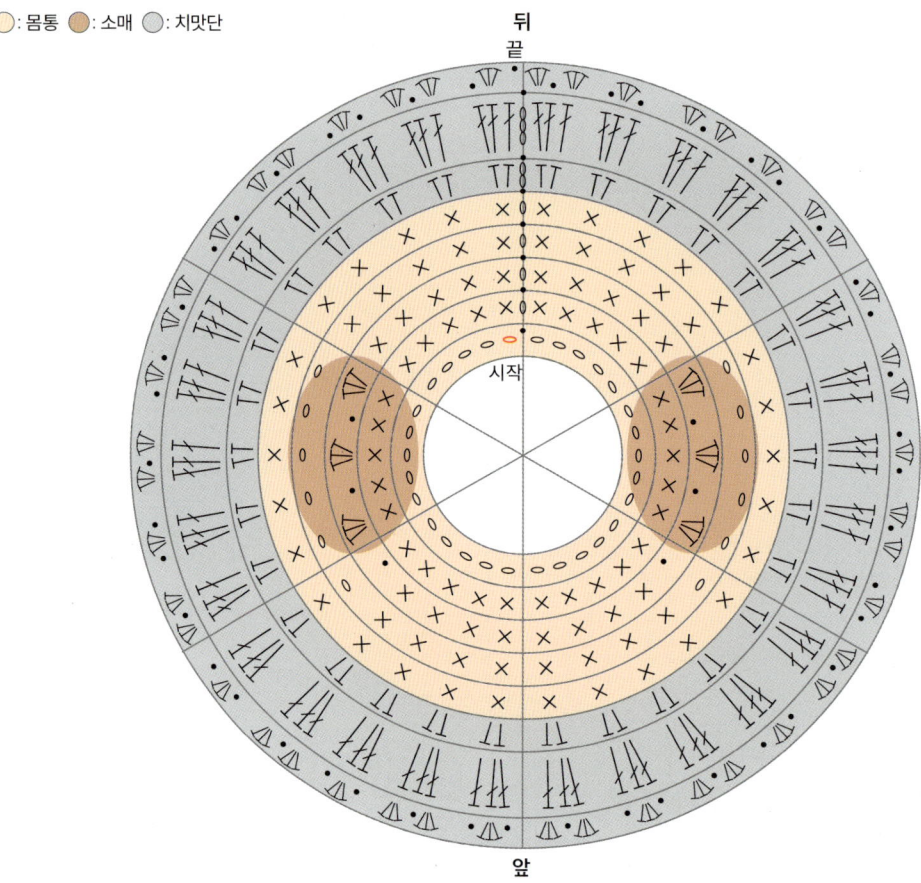

|  | |
|---|---|
| 1단 | 사슬뜨기 30 — 빼뜨기로 연결 (총 30코) ❶ |
| 2단 | 기둥사슬 1 — 짧은뜨기 30 — 빼뜨기로 연결 (총 30코) |
| 3단 | 기둥사슬 1 — 짧은뜨기 5 — [긴뜨기 3코 늘려뜨기 1, 빼뜨기 1]×3회 반복 — 짧은뜨기 8 — [빼뜨기 1, 긴뜨기 3코 늘려뜨기 1]×3회 반복 — 짧은뜨기 5 — 빼뜨기로 연결 (총 42코) ❷ |
| 4단 | 기둥사슬 1 — 짧은뜨기 5 — 사슬뜨기 6 ❸ — ❹ 짧은뜨기 8 — 사슬뜨기 6 — 짧은뜨기 5 — 빼뜨기로 연결 (총 30코) ❺ ❻ |
| 5단 | 기둥사슬 1 — 짧은뜨기 30 — 빼뜨기로 연결 (총 30코) ❼ |
| 6단 | 기둥사슬 2 — 긴뜨기 2코 늘려뜨기 30 — 빼뜨기로 연결 (총 60코) |
| 7단 | 기둥사슬 3 — [한길긴뜨기 1, 한길긴뜨기 2코 늘려뜨기 1]×30회 반복 — 빼뜨기로 연결 (총 90코) ❽ |
| 8단 | [긴뜨기 3코 늘려뜨기 1, 빼뜨기 1]×44회 반복 — 긴뜨기 3코 늘려뜨기 1 — 빼뜨기 연결 — 마무리 (총 180코) ❾ |

• HOW TO MAKE •

1단을 완성한 모습

3단을 완성한 모습

짧은뜨기 후 사슬뜨기 6코를 만든 모습

6코 띄우고 다시 짧은뜨기를 시작합니다.

팔이 들어가는 부분이 만들어졌습니다.

옆에서 본 모습

5단을 완성한 모습

7단까지 완성한 모습

완성한 모습

### Skill 긴뜨기 3코 늘려뜨기

긴뜨기 3코 늘려뜨기(3hdc in 1st)는 같은 자리에 긴뜨기를 3번 뜨개질하여 콧수를 늘리는 방법입니다. 레이스를 만들 때 3코 늘려뜨기하는 경우가 많습니다. 우리 책에서는 원피스의 소매 레이스와 끝단 레이스에서 긴뜨기 3코 늘려뜨기를 사용합니다.

1 먼저 긴뜨기를 1코 만듭니다.

2 같은 자리에 바늘을 밀어 넣어 다시 긴뜨기를 합니다.

3 총 3번 반복하면 긴뜨기 3코 늘려뜨기가 완성됩니다.

## HOW TO MAKE 우아한 드레스

| | |
|---|---|
| **1~7단** | 기본 원피스와 동일하게 만들어 주세요. |
| **8단** | 기둥사슬 3 — 한길긴뜨기 90 — 빼뜨기로 연결 (총 90코) |
| **9단** | 기둥사슬 3 — [한길긴뜨기 2, 한길긴뜨기 2코 늘려뜨기 1]×30회 반복 — 빼뜨기로 연결 (총 120코) |

 치마의 길이만 늘릴 때에는 8단처럼 단을 추가합니다. 치마의 길이와 폭을 둘 다 늘리고 싶으면 9단처럼 콧수를 늘립니다.

| | |
|---|---|
| **10단(선택)** | 기둥사슬 3 — [한길긴뜨기 3, 한길긴뜨기 2코 늘려뜨기 1]×30회 반복 — 빼뜨기 연결 (총 150코) |
| **마지막 단** | [긴뜨기 3코 늘려뜨기 1, 빼뜨기 1]×해당 단의 끝까지 반복 — 빼뜨기로 연결 후 마무리 |

> **Note** 치마 길이를 다르게 연출하면 분위기가 달라진다
>
> 치마 길이에 따라 다양한 분위기를 연출할 수 있습니다. 기본 원피스와 우아한 드레스를 비교해 보세요. 아래의 예시에서는 기본 원피스로 8단까지 만들었지만, 아래의 우아한 드레스는 9단을 만들었습니다.
>
>
>
> 왼쪽은 기본 원피스, 오른쪽은 우아한 드레스

## 🌸 드레스 소매 업그레이드 (선택)

우아한 드레스의 소매는 긴뜨기 대신 한길긴뜨기를 하여 소매를 좀 더 길게 연출할 수 있습니다. 3단을 아래와 같이 뜨개질하면 됩니다. 기본 드레스의 소매를 기준으로 다른 점은 **파란색**으로 표시했습니다.

**3단**     기둥사슬 1 — 짧은뜨기 5 — **[한길긴뜨기 3코 늘려뜨기 1, 빼뜨기 1]×3회 반복** — 짧은뜨기 8 — **[빼뜨기 1, 한길긴뜨기 3코 늘려뜨기 1] × 3회 반복** — 짧은뜨기 5 — 빼뜨기 연결 (총 42코)

기본 원피스의 소매

우아한 드레스의 소매

## HOW TO MAKE 심플한 실루엣

### 프릴 없는 치맛단

○ : 몸통  ● : 소매  ○ : 치맛단

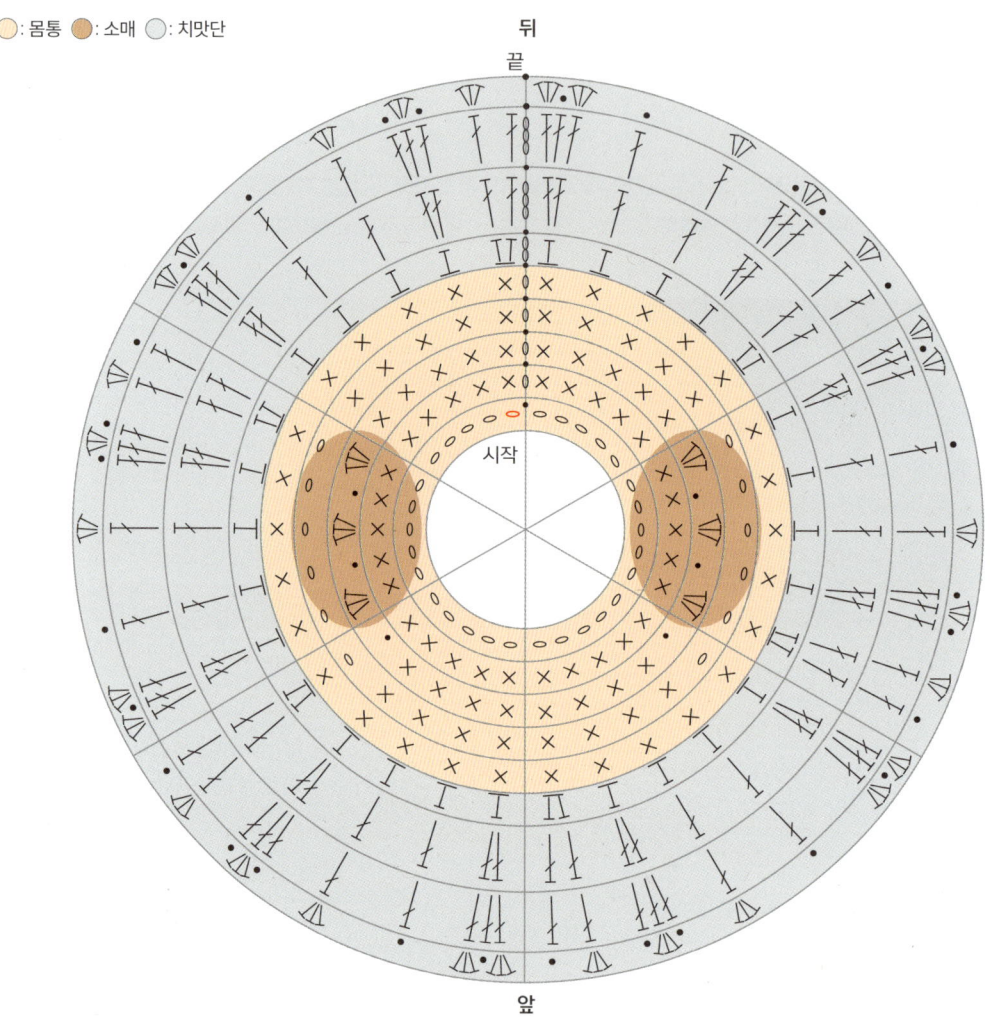

| 1~4단 | 기본 원피스와 동일하게 만들어 주세요.  🔗Link  기본 원피스 도안 110쪽 |
|---|---|
| 5단 | 기둥사슬 1 — 짧은뜨기 30 — 빼뜨기로 연결 (총 30코) |
| 6단 | 기둥사슬 2 — [긴뜨기 2코 늘려뜨기 1, 긴뜨기 4]×6회 반복 — 빼뜨기로 연결 (총 36코) |

**Tip** 치마를 두겹으로 만들려면 6단을 뜰 때 뒤이랑뜨기로 뜹니다.

| 7단 | 기둥사슬 3 — [한길긴뜨기 2, 한길긴뜨기 2코 늘려뜨기 1]×12회 반복 — 빼뜨기로 연결 (총 48코) ❶ |
|---|---|
| 8단 | 기둥사슬 3 — [한길긴뜨기 3 — 한길긴뜨기 2코 늘려뜨기 1]×12회 반복 — 빼뜨기로 연결 (총 60코) |
| 9단 | [긴뜨기 3코 늘려뜨기 1 — 빼뜨기 1]×29회 반복 — 긴뜨기 3코 늘려뜨기 1 — 빼뜨기로 연결 후 마무리 (총 120코) ❷ |

• HOW TO MAKE •

7단까지 완성한 모습입니다. 5단과 6단 사이에 뒤이랑뜨기를 한 부분이 보입니다.

9단까지 만들면 드레스가 완성됩니다.

### Skill 이랑뜨기

이랑뜨기는 직물에 새로 뜨개질을 하기 위해 코가 겉면이나 안쪽으로 드러나게 만드는 뜨개질 방법입니다. 우리 책에서는 밀짚모자 스타일로 장식하거나, 꽃잎을 연출할 때, 치맛단을 풍성하게 만들 때 사용합니다. 모든 코는 2가닥으로 이루어져 있습니다. 뒤이랑뜨기는 코를 이루는 2가닥의 실 중, 뒤쪽의 실에만 뜨개질을 하여 코가 겉면으로 드러나게 만드는 방법입니다.

1 모든 코는 2가닥의 실로 이루어져 있습니다.

2 2가닥의 실 중 뒤쪽 실에만 바늘을 걸어 뜨개질합니다.

3 뒤이랑뜨기를 한 모습

### Note 앞이랑뜨기와 뒤이랑뜨기를 구분하자

앞이랑뜨기는 두 가닥의 실 중 앞쪽 실에만 바늘을 걸어 뜨개질하는 방법으로 직물의 뒤편에 반코 모양의 선이 생깁니다. 앞이랑뜨기를 하면 앞면에서는 무늬가 보이지 않습니다. 뒤이랑뜨기를 하면 직물의 앞면에 다음의 이미지와 같이 반코 모양이 겉으로 드러납니다.

🔗 Link 무늬가 있는 밀짚 모자를 만들려면 087쪽을 참고하세요.

115

## 🌸 두 겹 치맛자락

◯ : 기존 도안(참고)   ◯ : 두 겹 치맛자락

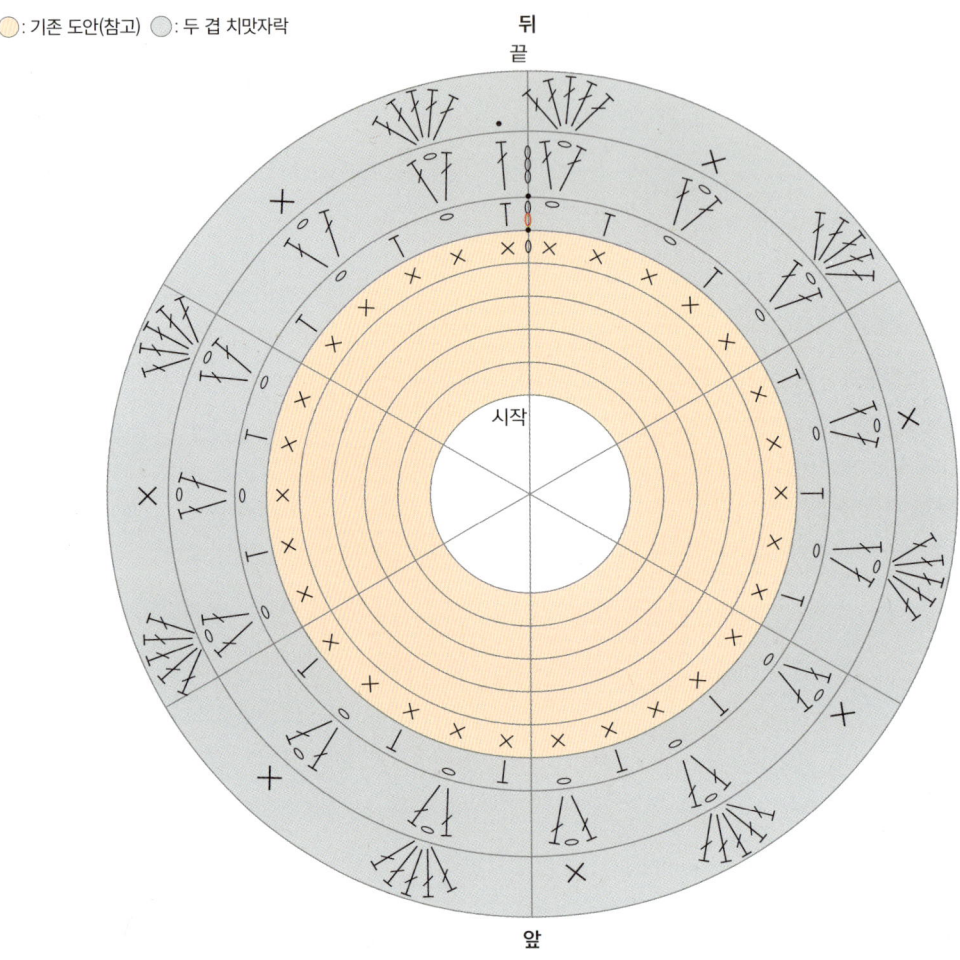

5단과 6단 사이 이랑뜨기 자리에 뜨개질을 합니다 ❸.

| 1단 | 기둥사슬 2 — [긴뜨기 1, 사슬 1, 한 코 띄우고]×15회 반복 — 빼뜨기로 연결 |
| 2단 | 기둥사슬 3 — 한길긴뜨기 1 — (1단의 사슬뜨기 자리에) [한길긴뜨기 1, 사슬뜨기 1, 한길긴뜨기 1]×15회 반복 — 빼뜨기로 연결 ❹ |
| 3단 | 기둥사슬 1 — (2단의 사슬뜨기 자리에) [한길긴뜨기 5코 늘려뜨기, (그다음 사슬뜨기 자리에) 짧은뜨기 1] × 7회 반복 — 한길긴뜨기 5코 늘려뜨기 — 빼뜨기로 연결 후 마무리 ❺ |

• HOW TO MAKE •

이랑뜨기 부분에 뜨개질 시작하기

2단까지 완성한 모습

두 겹 치마를 완성한 모습

## 🌸 심플한 실루엣의 소매 업그레이드 (선택)

3단을 아래와 같이 뜨개질하면 됩니다. 기본 원피스의 소매를 기준으로 다른 점은 **파란색**으로 표시했습니다.

**3단**  기둥사슬 1 — 짧은뜨기 5 — **한길긴뜨기 2코 늘려뜨기 6** — 짧은뜨기 8 — **한길긴뜨기 2코 늘려뜨기 6** — 짧은뜨기 5 — 빼뜨기 연결 (총 42코)

기본 원피스의 소매

심플한 실루엣 소매

117

# LEVEL UP

웨딩드레스를 만들려면 2겹 치맛자락을 추가하고, 치마의 기장과 폭을 늘려 보세요. 비즈 장식을 달면 더 화려한 웨딩드레스가 완성됩니다. 우주복과 기본 원피스의 치마 부분을 연결하여 메이드복을 만들어 보세요. 🔗 **Link** 우주복 도안 122쪽

### 이럴 땐 어떡하죠? 원피스를 입히기 까다로운 인형

인형의 몸통이 크거나 몸의 모양 때문에 입히기 어렵다면 상의 부분을 펼쳐서 뜨개질한 뒤, 후크를 달아 여밈을 만들면 입히기 쉽습니다. 펼쳐서 뜨개질하는 방법을 알려드립니다.

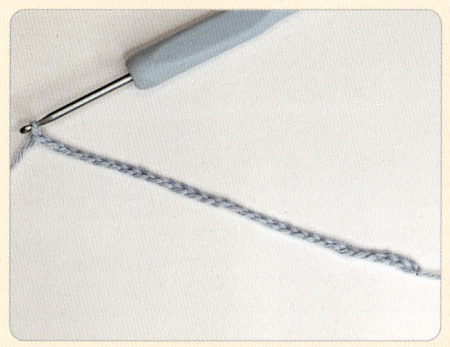

1 1단의 마지막 부분의 빼뜨기로 연결하는 부분을 생략합니다.

2 3단까지 뜨개질한 모습

3 5단까지 뜨개질한 모습. 소매가 달린 상의가 만들어졌습니다.

4 치맛단을 만들 때 양쪽 가장자리를 연결하여 뜨개질합니다.

5 빼뜨기로 연결하여

6 기둥코를 만듭니다(이제부터 6단 시작).

불가사리 몸통의 인형은 몸통이 너무 뚱뚱한 경우가 아니라면 여밈 없이 만들어도 괜찮습니다. 뚱뚱한 몸통이거나, 사람 몸을 가진 인형의 경우엔 펼쳐서 뜨개질한 후 여밈을 따로 다는 편이 옷을 입히고 벗기기 쉽습니다.

왼쪽: 여밈 없이 만든 원피스의 뒷모습 / 오른쪽: 펼쳐서 뜨개질하여 추가로 여밈을 달아 만든 원피스

# LESSON 10

# 우주복

쉽게 만들고 입힐 수 있는 우주복!
상의만 만들어서 티셔츠처럼 완성할 수도 있고, 하의만 만들면 바지가 완성됩니다.
다양한 응용이 가능한 우주복을 만들어 보세요.

### READY

**실:** 면 50g (약 160m) 2.5~3.0mm 바늘용
**게이지:** 28코×38단 (2.5~3.0mm 바늘, 10×10cm 메리야스 무늬)
**바늘:** 코바늘 3.0mm (5/0호)
**인형 사이즈:** 10cm 인형 (몸통 둘레 13cm)

# HOW TO MAKE 우주복

1. 상의 부분

> 빼뜨기로 연결하여 마무리 >

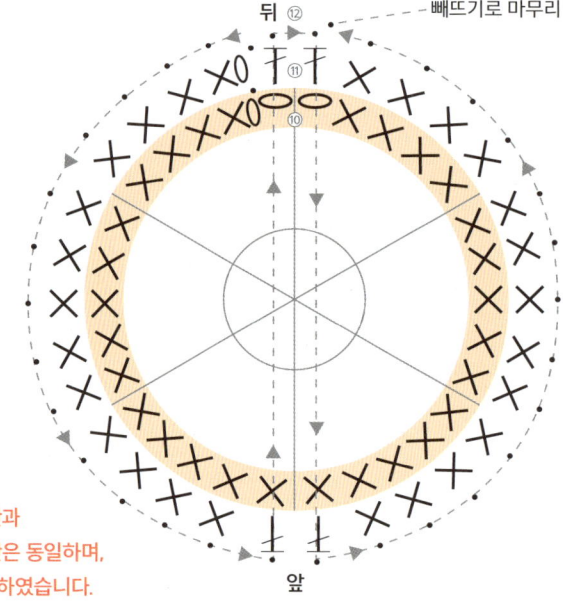

2. 다리 부분

뒤 ⑫   빼뜨기로 마무리

앞

**Tip** 상의 부분 도안의 10단과 다리 부분 도안의 10단은 동일하며, 편의를 위해 각각 표기하였습니다.

## 몸통 부분 만들기

1단   사슬뜨기 30

2단   기둥사슬 1 – 짧은뜨기 30

3단   기둥사슬 1 – 짧은뜨기 6 – 짧은뜨기 2코 늘려뜨기 3 – 짧은뜨기 12 – 짧은뜨기 2코 늘려뜨기 3 – 짧은뜨기 6 (총 36코)

4단   기둥사슬 1 – 짧은뜨기 6 – [짧은뜨기 2코 늘려뜨기 1, 짧은뜨기 1]×3회 반복 – 짧은뜨기 12 – [짧은뜨기 1, 짧은뜨기 2코 늘려뜨기 1]×3회 반복 – 짧은뜨기 6 (총 42코)

| | |
|---|---|
| 5단 | 기둥사슬 1 — 짧은뜨기 6 — [짧은뜨기 1, 짧은뜨기 2코 늘려뜨기 1, 짧은뜨기 1]×3회 반복 — 짧은뜨기 12 — [짧은뜨기 1, 짧은뜨기 2코 늘려뜨기 1, 짧은뜨기 1]×3회 반복 — 짧은뜨기 6 (총 48코) |
| 6단 | 기둥사슬 1 — 짧은뜨기 6 — 빼뜨기 12 — 짧은뜨기 12 — 빼뜨기 12 — 짧은뜨기 6 (총 48코) ❶ |
| 7단 | 기둥사슬 1 — 짧은뜨기 6 — 사슬뜨기 2 ❷ — ❸ 짧은뜨기 12 — 사슬뜨기 2 — 짧은뜨기 6 (총 28코) ❹ |
| 8~9단 | 기둥사슬 1 — 짧은뜨기 28 (총 28코) |
| 10단 | 기둥사슬 1 — 짧은뜨기 28 — 사슬뜨기 2 ❺ — 빼뜨기 연결 ❻ (총 30코) |
| 11단 | 기둥사슬 1 — 짧은뜨기 13 — 한길긴뜨기 2 — 짧은뜨기 13 — 한길긴뜨기 2 — 빼뜨기 연결 (총 30코) ❼ |

6단까지 뜨개질한 모습

사슬뜨기 2코를 만든 뒤

소매 부분(6단에서 빼뜨기했던 12코)를 건너 띄우고 짧은뜨기로 뜨개질합니다.

7단을 완성한 모습

10단을 뜨개질한 모습(사슬뜨기 2코)

반대쪽에 빼뜨기로 연결합니다.

11단을 완성한 모습. 가운데 부분에 한길긴뜨기를 했기 때문에 조금 튀어나온 부분이 생깁니다. 바지의 가랑이가 될 부분입니다.

## 🌸 다리 부분 만들기

그림 도안을 따라 한쪽 다리 부분에 빼뜨기를 하다가, 의상의 앞면 첫 번째 한길긴뜨기에 빼뜨기 한 코를 뜨개질합니다 ❽. 그다음, 뒷면의 오른쪽 한길긴뜨기에 빼뜨기를 하여 연결합니다 ❾ ❿. 그다음, 바로 옆에 있는 한길긴뜨기에 빼뜨기를 한 번 하고 ⑪ 다시 의상의 앞면에 남아있는 두 번째 한길긴뜨기 코에 빼뜨기를 하여 가랑이 부분을 연결합니다 ⑫. 다리 구멍을 따라 빼뜨기로 13코를 만들고 마무리하여 완성합니다 ⑬ ⑭ ⑮.

**12단**　　빼뜨기 30 후 마무리

가운데 한길긴뜨기를 한 곳에 빼뜨기를 1번 하고

반대쪽(뒷면) 첫 번째 한길긴뜨기에 연결하여 빼뜨기합니다.

가랑이 부분에 빼뜨기를 만든 모습

바로 옆 두 번째 한길긴뜨기에 한 번 더 빼뜨기를 한 뒤

다시 앞면의 두 번째 한길긴뜨기에 빼뜨기를 하여 연결합니다

이어서 반대쪽 다리 부분에도 빼뜨기를 하여 마무리합니다

아래에서 본 완성된 바지

정면에서 본 완성된 바지

· HOW TO MAKE

## 🔘 뒷판 완성하기

등판 오른쪽 첫 코에서 시작합니다 ⑯.

기둥사슬 1 — 짧은뜨기 10 — 짧은뜨기 2 — 짧은뜨기 9 — 마무리 ⑰ ⑱

등판 오른쪽 첫 코에서 시작합니다.    가장자리를 따라 뜨개질합니다.    완성한 모습

이제 후크나 똑딱이를 달거나, 사슬뜨기로 고리와 단추를 만들어 여밈을 만들어 완성합니다.

### Note  고리와 단추를 만들자

사슬뜨기를 활용하여 여밈을 만드는 방법입니다. 나머지 부분의 자세한 설명은 카디건 단추 도안을 보면서 만들어 보세요.

🔗 Link  카디건 단추 도안 106쪽

**고리 부분**  사슬뜨기 5~6
**단추**  원형코로 시작 — 기둥사슬 1 — 짧은뜨기 6 — 빼뜨기 연결

뜨개질로 고리와 단추를 만들어 마무리 / 후크를 달아 마무리

125

## HOW TO MAKE 멜빵바지

**우주복** 도안에서 8단부터 시작하면 바지만 만들 수 있습니다. 바지만 만들고 가슴판과 끈을 달면 멜빵바지가 됩니다.

> **Tip** 바지를 크게 만들고 싶다면 131쪽의 몸통이 큰 인형의 우주복을 참고하세요.

| | |
|---|---|
| 1단 | 사슬뜨기 28 ❶ |
| 2~3단 | 기둥사슬 1 — 짧은뜨기 28 (총 28코) |
| 4단 | 기둥사슬 1 — 짧은뜨기 28 — 사슬뜨기 2 — 빼뜨기로 연결 (총 30코) ❷ |
| 5단 | 기둥사슬 1 — 짧은뜨기 13 — 한길긴뜨기 2 — 짧은뜨기 13 — 한길긴뜨기 2 — 빼뜨기 연결 (총 30코) ❸ |
| 6단 | 우주복 도안의 12단을 참고하여(124쪽) 바짓가랑이를 만듭니다. |

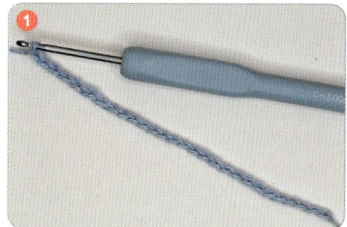

1단을 만든 모습(사슬뜨기 28코)

4단을 완성한 모습

5단까지 완성한 모습

6단까지 뜨개질한 후 뒷부분에 여밈을 마무리하면 바지로 착용할 수 있습니다 ❹❺❻.

6단까지 뜨개질하여 완성한 앞모습

바지 안쪽 모습

이 상태로 마무리하려면 뒤쪽에 여밈을 만듭니다.

## 멜빵의 가슴판

[기둥사슬 1 − 짧은뜨기 8]로 구성된 단을 원하는 높이가 될 때까지 반복하여 만듭니다 ❼ ❽ ❾.

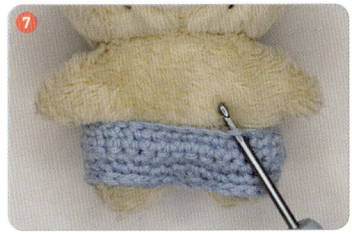

적당한 위치에 바늘을 끼워 시작합니다.

가슴판을 만듭니다.

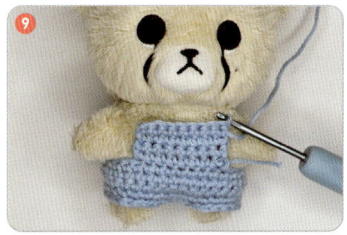

마무리하여 실을 끊지 않고, 가슴판의 가장자리를 따라 빼뜨기로 테두리를 만듭니다.

의상의 앞면 방향으로 빼뜨기로 테두리를 만들어 마무리합니다 ❿ ⓫ ⓬ ⓭ ⓮ ⓯.

가슴판을 만들고 곧바로 테두리를 따라 빼뜨기를 합니다.

뒷면에서는 사슬뜨기 2개를 만들고 다른 쪽에 연결하여 인형 꼬리용 구멍을 만듭니다.

꼬리 구멍이 만들어진 모습

테두리를 완성한 모습

가슴판의 모서리에서 사슬뜨기를 10코 정도로 하여 멜빵바지의 끈을 만듭니다.

뒷면에 빼뜨기로 연결하여 마무리합니다.

 **멜빵바지의 끈은 인형의 몸통 크기에 따라 사슬뜨기의 콧수가 달라질 수 있습니다.**

## HOW TO MAKE  긴 티셔츠

1단부터 7단까지는 우주복의 도안으로 뜨개질합니다. 티셔츠를 크게 만들고 싶다면 **몸통이 큰 인형의 우주복**을 참고하세요.  🔗 Link  몸통이 큰 인형의 우주복 도안 131쪽

| | |
|---|---|
| 8단 | 기둥사슬 1 — 짧은뜨기 7 — 짧은뜨기 2코 늘려뜨기 1 — 짧은뜨기 12 — 짧은뜨기 2코 늘려뜨기 1 — 짧은뜨기 7 (총 30코) |
| 9단 | 기둥사슬 1 — 짧은뜨기 8 — 짧은뜨기 2코 늘려뜨기 1 — 짧은뜨기 12 — 짧은뜨기 2코 늘려뜨기 1 — 짧은뜨기 8 (총 32코) |
| 10단 | 기둥사슬 1 — 짧은뜨기 32 — 마무리 (총 32코) ❶ |

### 🌼 가장자리

의상의 왼쪽 첫 번째 코에서부터 시작합니다 ❷.

기둥사슬 1 — 짧은뜨기 9 — (모서리에서)짧은뜨기 2코 늘려뜨기 1 — 짧은뜨기 30 — (모서리에서)짧은뜨기 2코 늘려뜨기 1 — 짧은뜨기 10 — 마무리 ❸

10단까지 뜨개질한 모습

모서리에서 시작합니다.

완성한 모습

## 올인원 수트

기본 원피스 도안의 상의 부분과 우주복 도안의 바지를 합쳐 봅시다.

**기본 원피스** 도안으로 1단부터 5단까지 뜨개질합니다. 그리고 6~7단은 생략하고 **우주복** 도안의 8단부터 이어서 뜨개질합니다. 8~9단을 30코로 뜨개질한 후, 빼뜨기로 연결하여 각 단을 마무리합니다. 꼬리가 있는 동물 인형이라면 10단의 사슬뜨기를 만들고, 꼬리가 없는 인형이라면 10단의 사슬뜨기는 제외해도 됩니다.

11단은 앞판의 가운데에 한길긴뜨기 2코가 위치하도록 콧수를 잘 세어서 뜨개질하면 됩니다(예를 들어, 기둥사슬 1 – 짧은뜨기 13 – 한길긴뜨기 2 – 짧은뜨기 13 – 한길긴뜨기 2 – 빼뜨기로 연결). 마지막으로 12단은 바지 가랑이를 만드는 12단을 따라 뜨개질합니다.   **Link**   기본 원피스 도안 110쪽

> **Note**   동물의 형태에 맞게 도안을 변형하자
>
> 의상이 너무 짧으면 8~9단을 원하는 만큼 더 뜨개질합니다(예를 들어, 8~11단). 꼬리 구멍이 작게 만들어지므로, 꼬리가 큰 동물 인형의 경우엔 원피스 도안도 우주복 도안 상의처럼 펼쳐서 뜨개질하세요.
> **Link**   몸통이 큰 인형의 우주복 도안 131쪽

## 메이드복

우주복 도안의 상의와 기본 원피스 도안의 치마를 합쳐 봅시다.

**우주복** 도안을 7단까지 뜨개질한 후, **원피스** 도안의 6단부터 이어서 뜨개질합니다. 우주복 도안의 7단을 마무리할 때에는 사슬뜨기 2개를 만들고, 다른 쪽 끝부분에 빼뜨기로 연결하여 치맛단으로 이어서 뜨개질합니다.

**Link**   기본 원피스 도안 110쪽

• LEVEL UP •

**메이드복 칼라**

총 11코가 필요합니다.

1단     적당한 위치에서 시작 ❶ — 기둥사슬 1 — 짧은뜨기 11 ❷

2단     한 코 띄우고 - 짧은뜨기 1 — 긴뜨기 1 — 한길긴뜨기 1 — 짧은뜨기 1 — 빼뜨기 1 — 짧은뜨기 1 — 한길긴뜨기 1 — 긴뜨기 1 — 짧은뜨기 1 — 빼뜨기 1 — 마무리 (총 10코) ❸

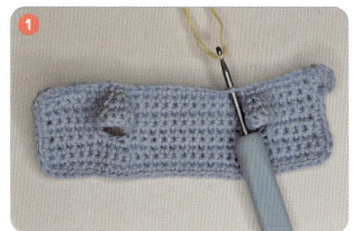  

칼라 시작하는 위치          1단을 뜨개질한 모습          칼라를 완성한 모습

 **수영복**

올인원 수트에 치맛자락을 달면 원피스형 수영복으로 연출할 수 있습니다.

기본 원피스에 **2겹 치맛자락**을 추가할 때처럼 6단을 뜨개질할 때 뒤이랑뜨기로 뜨개질한 뒤, 우주복 도안의 바지 부분과 합쳐 올인원을 만듭니다. 그리고 6단과 7단 사이에 겉으로 드러난 코에 **기본 원피스의 치맛자락**을 추가하면 원피스형 수영복을 만들 수 있어요. 치맛자락은 짧아도 귀여우니까 기본 원피스의 치마 도안을 참고하여 뜨개질 해보세요.

## 이럴 땐 어떡하죠? 몸통이 큰 인형의 우주복

같은 10cm 인형이라도 몸이 유난히 큰 인형들이 있습니다. 그런 경우엔 몸통 둘레에 맞추어 코를 늘려서 뜨개질합니다. 10cm 동물 인형의 몸통이 큰 경우는 대개 몸통이 뚱뚱합니다. 목 둘레는 크게 차이가 나지 않는데 겨드랑이 아래 몸통 둘레(엉덩이)가 다른 인형보다 큰 경우엔 아래의 도안을 따라서 뜨개질해 보세요.

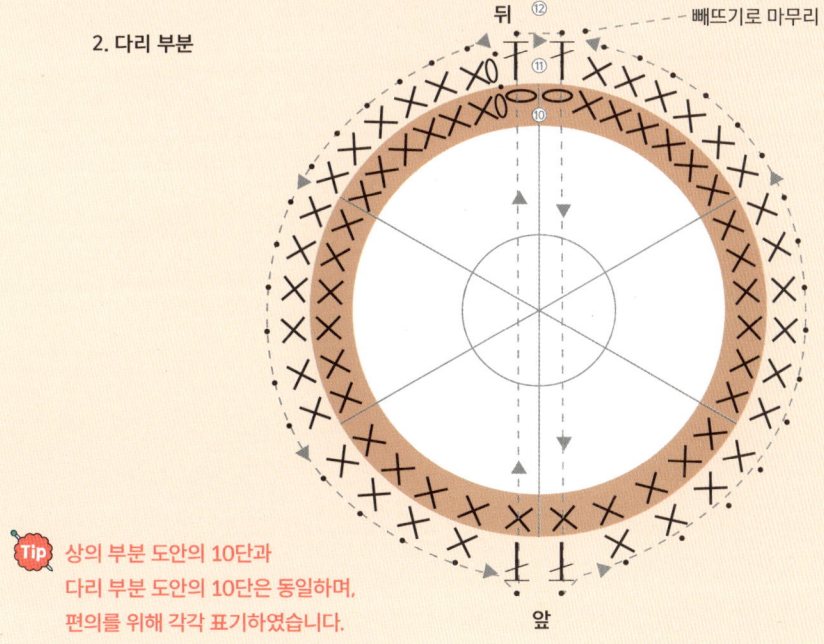

**Tip** 상의 부분 도안의 10단과 다리 부분 도안의 10단은 동일하며, 편의를 위해 각각 표기하였습니다.

| 1단 | **사슬뜨기 32** |
|---|---|
| 2단 | 기둥사슬 1 — 짧은뜨기 32 |
| 3단 | 기둥사슬 1 — **짧은뜨기 7** — 짧은뜨기 2코 늘려뜨기 3 — 짧은뜨기 12 — 짧은뜨기 2코 늘려뜨기 3 — **짧은뜨기 7** — 빼뜨기로 연결 (총 38코) |

**Tip** 뒷판에 추가된 콧수를 잘 확인하며 우주복 도안의 4~6단처럼 뜨개질합니다.

| 7단 | 기둥사슬 1 — 짧은뜨기 7 — 사슬뜨기 2 — 짧은뜨기 12 — 사슬뜨기 2 — 짧은뜨기 7 (총 30코) |
|---|---|
| 8단 | 기둥사슬 1 — 짧은뜨기 8 — 짧은뜨기 2코 늘려뜨기 1 — 짧은뜨기 12 — 짧은뜨기 2코 늘려뜨기 1 — 짧은뜨기 8 (총 32코) |
| 9단 | 기둥사슬 1 — 짧은뜨기 8 — 짧은뜨기 2코 늘려뜨기 1 — 짧은뜨기 14 — 짧은뜨기 2코 늘려뜨기 1 — 짧은뜨기 8 (총 34코) |
| 10단 | 기둥사슬 1 — 짧은뜨기 34 코 — 사슬뜨기 2 — 빼뜨기로 연결 (총 36코) |
| 11단 | 기둥사슬 1 — 짧은뜨기 16 — 한길긴뜨기 2 — 짧은뜨기 16 — 한길긴뜨기 2 — 빼뜨기로 연결 (총 36코) |
| 12단 | (다리 부분 만들기) 빼뜨기 36 — 의상의 앞면의 첫 번째 한길긴뜨기에 빼뜨기를 한 후, 뒷면의 오른쪽 한길긴뜨기에 빼뜨기를 하여 연결합니다. 그다음, 바로 옆에 있는 한길긴뜨기에 빼뜨기를 한 번 하고 다시 의상의 앞면에 남아있는 두 번째 한길긴뜨기 코에 빼뜨기를 하여 가랑이 부분을 연결합니다. 다리 구멍을 따라 빼뜨기로 16코를 뜨개질하고 마무리하여 완성합니다. |

왼쪽 : 기본도안으로 만든 우주복 / 오른쪽 : 크게 만든 우주복

## LESSON 11

# 과일 가방

과일 모자와 세트로 착용하면 상큼함이 두 배!
가방끈을 달면 인형의 가방으로, 키링 고리를 달면 나만의 액세서리가 된답니다.

**· READY ·**

**실:** 면 50g (약 160m) 2.5~3.0mm 바늘용
**게이지:** 28코×38단 (2.5~3.0mm 바늘, 10×10cm 메리야스 무늬)
**바늘:** 코바늘 3.0mm (5/0호)
**인형 사이즈:** 10cm 인형 (몸통 둘레 13cm)

## HOW TO MAKE 귤 or 사과 가방

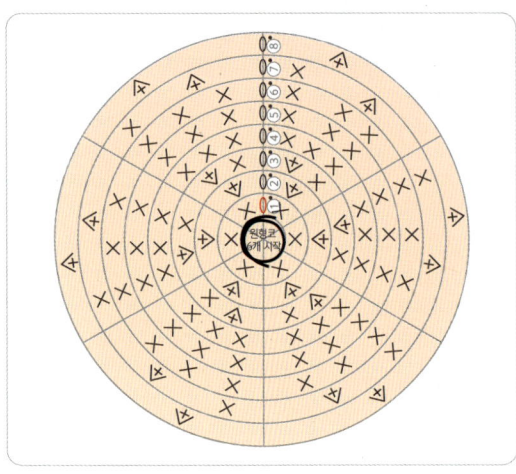

| 1단 | 원형코로 시작 — 기둥사슬 1 — 짧은뜨기 6 — 빼뜨기로 연결 (총 6코) |
| --- | --- |
| 2단 | 기둥사슬 1 — 짧은뜨기 2코 늘려뜨기 6 — 빼뜨기로 연결 (총 12코) |
| 3단 | 기둥사슬 1 — [짧은뜨기 1, 짧은뜨기 2코 늘려뜨기 1]×6회 반복 — 빼뜨기로 연결 (총 18코) |
| 4~6단 | 기둥사슬 1 — 짧은뜨기 18 — 빼뜨기로 연결 (총 18코) |
| 7단 | 기둥사슬 1 — [짧은뜨기 2코 모아뜨기 1, 짧은뜨기 1]×6회 반복 — 빼뜨기로 연결 (총 12코) |
| 8단 | 기둥사슬 1 — 짧은뜨기 2코 모아뜨기 6 — 빼뜨기로 마무리 (총 6코) |

가방끈과 잎사귀를 달아 완성합니다.

> **Note** 귤 or 사과를 동글동글하게 만들자
>
> 7단을 마무리하고 솜을 넣으면 모양을 잡기 쉬워집니다. 솜은 8단을 뜨개질하기 힘들 정도로 많이 넣어야 완성했을 때 단단하고 예쁘게 보입니다. 7, 8단을 뜨개질할 때 실을 꽉꽉 당겨서 뜨개질합니다. 모아뜨기를 할 때 실이 늘어질 수 있는데 꽉 당겨야 모양이 예쁘게 나옵니다.

1 솜을 넣기 전에 장식을 달면 좀 더 편합니다.　2 솜을 넣는 모습　3 완성한 모습

• HOW TO MAKE •

**Note** 과일 헤어 밴드를 만들자

귤 가방의 도안으로 복숭아, 레몬을 응용해서 과일 헤어 밴드를 만들 수 있습니다. 인형의 몸통 사이즈에 맞춘 끈을 달아 가방으로도 이용할 수 있지만, 묶을 수 있는 끈을 2가닥 추가하여 머리에 씌울 수도 있습니다.

**복숭아** 귤 가방의 도안으로 모두 뜨개질한 후, 실로 가운데 부분을 누르며 감아 굴곡을 만들어 줍니다. 조금 납작한 모양이 되도록 손으로 꾹꾹 눌러 줍니다.

**레몬** **1단**: 원형코로 시작 — 기둥사슬 1 — 짧은뜨기 6 — 빼뜨기로 연결 / **2단**: 기둥사슬 1 — 짧은뜨기 6 — 빼뜨기로 연결 / 3단부터는 귤 가방 도안의 2단을 뜨개질합니다. 마지막 단의 기둥사슬 1 — 짧은뜨기 2코 모아뜨기 — 빼뜨기로 연결하고 한 단을 더 추가하여 기둥사슬 1 — 짧은뜨기 6 — 빼뜨기로 연결 후 마무리하면 끝부분이 튀어나오는 레몬 모양을 만들 수 있습니다.

**Skill** 짧은뜨기 2코 모아뜨기

짧은뜨기 2코 모아뜨기(sc2tog)는 모아뜨기를 할 코에 실을 1가닥씩 걸고 한꺼번에 뜨개질하여 코를 줄이는 뜨개질 방식입니다. 과일 가방 도안처럼 구의 형태를 만들 때 모아뜨기를 할 수 있습니다.

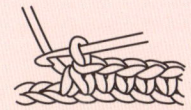

**1** 짧은뜨기를 하듯, 뜨개질을 할 코에 바늘을 넣고 실을 끄집어 냅니다.

**2** 그다음 코에 똑같이 바늘을 넣고 실을 끄집어 냅니다.

**3** 다시 바늘에 실을 걸어 바늘에 걸려있는 3가닥의 실을 한꺼번에 통과시킵니다.

## HOW TO MAKE 수박 or 도토리 뚜껑

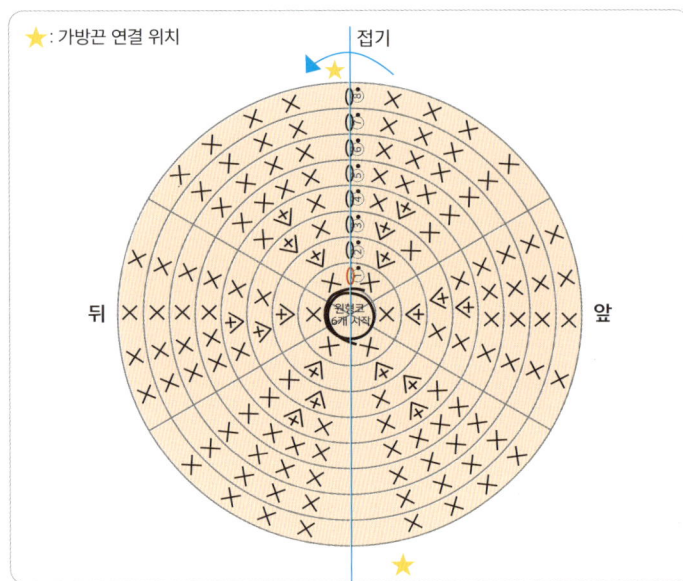

| | |
|---|---|
| 1단 | 원형코로 시작 — 기둥사슬 1 — 짧은뜨기 6 — 빼뜨기로 연결 (총 6코) |
| 2단 | 기둥사슬 1 — 짧은뜨기 2코 늘려뜨기 6 — 빼뜨기로 연결 (총 12코) |
| 3단 | 기둥사슬 1 — [짧은뜨기 1, 짧은뜨기 2코 늘려뜨기 1]×6회 반복 — 빼뜨기로 연결 (총 18코) |
| 4단 | 기둥사슬 1 — [짧은뜨기 1, 짧은뜨기 2코 늘려뜨기 1, 짧은뜨기 1]×6회 반복 — 빼뜨기로 연결 (총 24코) |
| 5~8단 | 기둥사슬 1 — 짧은뜨기 24 — 빼뜨기로 연결 후 마무리 (총 24코) |

 **Tip** 수박은 8단까지, 도토리 뚜껑은 6단까지 뜨개질합니다.

### 수박 껍질 연결하기

수박 가방을 두를 수 있는 적당한 길이가 되도록 사슬뜨기를 합니다.

| | |
|---|---|
| 1단 | 사슬뜨기 18 |
| 2~3단 | 기둥사슬 1 — 짧은뜨기 18 |

• HOW TO MAKE •

1 수박 껍질을 완성한 모습

2 수박의 모양이 되도록 껍질 부분을 잘 배치한 후 바느질합니다.

3 바느질을 한 뒤, 안쪽 모양. 대충해도 겉으로는 티가 나지 않습니다.

4 흰색 실 1가닥을 적당히 잘라 빨간색과 초록색 사이에 바느질합니다.

5 튀어나온 실을 모두 안쪽으로 넣어 잘 정리합니다.

6 수박 씨앗과 가방끈을 달아 완성

 껍질을 가방 몸통 가장자리에 바느질을 하여 연결하거나 본드로 붙여 고정합니다. 가방끈을 달고 자수로 씨앗 모양을 만들어 완성합니다.

### Note 수박 가방을 일반 가방으로 꾸미자

자수를 놓아 예쁘게 꾸며 보세요! 수박 가방은 진짜 가방처럼 무언가를 넣을 수 있는 공간이 있습니다.

## HOW TO MAKE 딸기 or 도토리 몸통

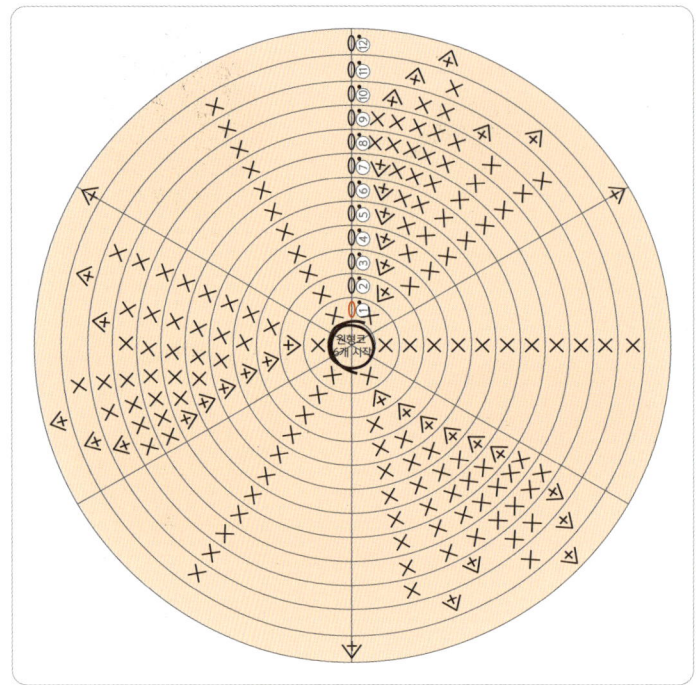

| | |
|---|---|
| 1단 | 원형코로 시작 — 기둥사슬 1 — 짧은뜨기 6 — 빼뜨기로 연결 (총 6코) |
| 2단 | 기둥사슬 1 — [짧은뜨기 1, 짧은뜨기 2코 늘려뜨기 1]×3회 반복 — 빼뜨기로 연결 (총 9코) |
| 3단 | 기둥사슬 1 — [짧은뜨기 2, 짧은뜨기 2코 늘려뜨기 1]×3회 반복 — 빼뜨기로 연결 (총 12코) |
| 4단 | 기둥사슬 1 — [짧은뜨기 3, 짧은뜨기 2코 늘려뜨기 1]×3회 반복 — 빼뜨기로 연결 (총 15코) |
| 5단 | 기둥사슬 1 — [짧은뜨기 4, 짧은뜨기 2코 늘려뜨기 1]×3회 반복 — 빼뜨기로 연결 (총 18코) |
| 6단 | 기둥사슬 1 — [짧은뜨기 5, 짧은뜨기 2코 늘려뜨기 1]×3회 반복 — 빼뜨기로 연결 (총 21코) |
| 7단 | 기둥사슬 1 — [짧은뜨기 6, 짧은뜨기 2코 늘려뜨기 1]×3회 반복 — 빼뜨기로 연결 (총 24코) |
| 8, 9단 | 기둥사슬 1 — 짧은뜨기 24 - 빼뜨기로 연결 (총 24코) |
| 10단 | 기둥사슬 1 — [짧은뜨기 2, 짧은뜨기 2코 모아뜨기 1]×6회 반복 — 빼뜨기로 연결 (총 18코) |
| 11단 | 기둥사슬 1 — [짧은뜨기 1, 짧은뜨기 2코 모아뜨기 1]×6회 반복 — 빼뜨기로 연결 (총 12코) ( Note 참고) |
| 12단 | 기둥사슬 1 — 짧은뜨기 2코 모아뜨기 6 — 빼뜨기로 마무리 (총 6코) |

Tip 위에 있는 도토리 사진과 같이, 단이 바뀌는 부분이 가지런히 정렬되도록 도토리 뚜껑과 도토리 몸통을 연결해 보세요.

• HOW TO MAKE •

> **Note** 딸기에 콕콕 귀여운 씨앗을 장식하자
>
> 딸기의 씨앗은 11단까지 뜨개질하고 자수를 넣어서 만듭니다. 도토리 등에서 귀여운 얼굴을 그리는 등 다른 디테일도 이 시점에 추가합니다. 딸기에 솜을 넣으려면 씨앗 자수를 놓고 난 다음에 넣어야 편합니다. 솜을 넣고 난 다음에는 가방끈과 꼭지 혹은 도토리 뚜껑을 달아 완성합니다.
>
> 🔗 **Link** 딸기 꼭지 도안 090쪽

**1** 11단까지 뜨개질한 모습. **2** 솜을 넣기 전에 자수를 넣거나 꾸밉니다. **3** 솜을 넣고 12단을 이어서 뜨개질합니다.

## 🌰 도토리 가방 만들기

끈뜨기(Crochet Code) 방법으로 3코를 뜨개질해 꼭지를 만들어 뚜껑에 달고 뚜껑과 몸통을 조립합니다. 바느질을 하여 연결해도 좋고, 본드나 글루건으로 붙여도 됩니다. 끈뜨기가 어려우면 사슬뜨기를 해도 됩니다.

도토리 꼭지 안쪽에 본드를 발라 붙입니다. 바느질로 연결해도 됩니다.

꼭지와 몸통을 부착하여 완성!

• HOW TO MAKE •

##  크로스 가방끈

크로스 가방끈을 뜨려면 약 70~90cm 길이의 실 1가닥이 필요합니다. 끈뜨기 방법으로 뜨개질할 때 실은 만들고 싶은 가방끈 길이의 3배 정도로 준비합니다.

앞쪽 실이 뒤쪽 실의 2/3 정도 되도록 길이를 조절하여 앞쪽 실과 뒤쪽 실의 비율을 2:3으로 만들면 됩니다. 또한 32코 이상으로 만들어야 크로스로 가방을 맬 수 있습니다. 가방끈을 다는 위치에 실을 걸 때, 총 길이의 정확한 반절이 아니라 앞쪽 실이 좀 더 짧고, 뒤쪽 실이 좀 더 길도록 배치합니다.

> **Tip** 끈뜨기가 어려우면 사슬뜨기로 가방끈을 완성해도 괜찮습니다.

### Skill 끈뜨기

사슬뜨기보다 단단한 끈을 만들 때 사용하는 뜨개질 방법입니다. 실을 2가닥 사용합니다. 편리하게 두 개의 실타래를 동시에 사용해도 되고, 만들고 싶은 끈의 길이를 미리 측정해서 그것의 3배 정도로 실을 잘라낸 다음 뜨개질을 할 수도 있습니다. 앞쪽과 뒤쪽에 사용되는 실의 양이 서로 다르기 때문에 하나의 실타래에서 실을 미리 잘라서 뜨개질할 때에는 완성된 끈뜨기 길이의 3배 이상 실을 준비해야 합니다. 2개의 실 중에서 뒤쪽 실을 더 길게 하여 코를 만들어 시작하면 됩니다.

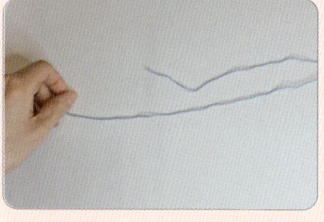

**1** 70~90cm의 실 1가닥을 준비한 경우, 앞쪽 실보다 뒤쪽 실이 더 길도록 접어 준비합니다.

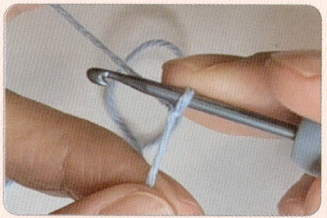

**2** 접히는 부분에 코를 만듭니다.

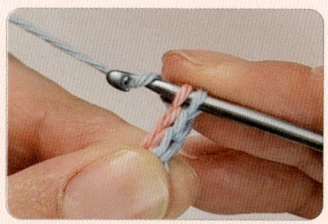

**3** 앞쪽에 있는 실(분홍)을 바늘의 앞에서 뒤로 걸고, 손에 감아놓은 실(파랑)을 바늘 코에 겁니다(이해를 돕기 위해 실의 색상을 다르게 준비했습니다).

**4** 바늘코에 걸린 뒤쪽 실(파랑)을 바늘에 걸려있는 2가닥의 실에 한꺼번에 통과하여 뜨개질합니다.

**5** 끈뜨기 한 코를 완성한 모습

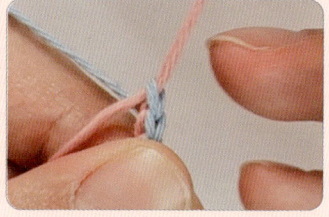

**6** 마무리를 할 때엔, 앞쪽 실(분홍)만 바늘에 걸려있는 코를 통과합니다.

## HOW TO MAKE 문어 가방

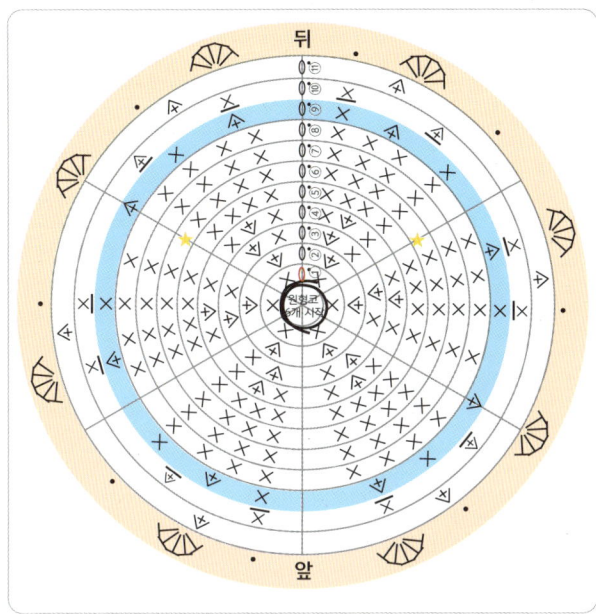

★ : 가방끈 연결 위치
○ : 문어다리
○ : 문어다리 연결 위치

| | |
|---|---|
| 1~8단 | 수박 or 도토리 뚜껑 도안과 같습니다. |
| 9단 | 기둥사슬 1 — [짧은뜨기 2코 모아뜨기 1, 짧은뜨기 1]×8회 반복 — 빼뜨기로 연결 (총 16코) |
| 10단 | (뒤이랑뜨기로)기둥사슬 1 — [짧은뜨기 1, 짧은뜨기 2코 모아뜨기 1]×6회 반복 — 빼뜨기로 연결 (총 12코) |

**Tip** 솜을 넣는다면 지금 넣으세요! 문어의 눈 자수도 지금 다세요! 문어 입도 지금 달면 편합니다!

| | |
|---|---|
| 11단 | 기둥사슬 1 — 짧은뜨기 2코 모아뜨기 6 — 빼뜨기로 연결 후 마무리 (총 6코) |
| 문어 다리 | 뒤이랑뜨기 한 부분에 [긴뜨기 5코 늘려뜨기 1, 빼뜨기 1]×8회 반복 |
| 문어 입 | 원형코로 시작 — 짧은뜨기 6 — 빼뜨기로 연결 |

### Note 뒤이랑뜨기의 요령을 익히자

뒤이랑뜨기는 10단에서 하는데 문어 다리를 뜨개질하는 콧수는 9단과 같습니다. 도안의 하늘색 부분을 참고하여 뜨개질해 보세요. 귤 or 사과 가방 도안으로 작은 문어를 만들 땐 7단에서 뒤이랑뜨기를 합니다. 이 경우 문어 다리가 9개가 될 수 있는데 적당히 한 코 띄워서 뜨개질하시면 됩니다. 만약, 10단에서 이랑뜨기를 하지 않으면 조금 더 큰 귤/사과 가방을 만들 수 있습니다. 20cm 인형용 가방 또는 키링 만들기에 유용합니다.

문어 도안으로 만든 큰 사과(왼쪽)와
귤 도안으로 만든 작은 사과(오른쪽)

### 🌸 솜을 넣은 가방과 넣지 않은 가방

솜을 넣어 모양을 잡아도 예쁘고, 솜을 넣지 않고 납작하게 누르면 좀 더 가방 같은 모양이 됩니다. 솜을 넣은 쪽이 더 작아 보이지만 똑같은 도안으로 뜨개질한 것입니다.

솜을 넣은 가방

솜 없이 납작하게 눌러 만든 가방

### 🌸 다양한 가방끈

가방끈을 다양하게 달아 보세요. 끈뜨기뿐만 아니라 그냥 사슬뜨기, 사슬뜨기와 빼뜨기를 이용하여 다양한 가방끈을 만들 수 있습니다. 체인이나 다른 끈을 다는 방법도 있습니다. 가방끈 대신 고리를 달면 키링으로 사용할 수도 있어요.

왼쪽부터 사슬뜨기, 사슬뜨기&빼뜨기, 끈뜨기

> **Note** **가방끈을 연결하는 위치**
>
> **솜을 넣은 경우 가방끈을 연결하는 위치** 기둥코 부분이 뒤로 가도록 가방끈을 달아보세요. 정확히 1:1로 나누어지는 부분이 아닌 기둥코에 가까운 쪽으로 달면 착용하기 좀 더 편리해 집니다.
>
> **솜을 넣지 않아 납작한 경우 가방끈을 연결하는 위치** 기둥코 부분과 그 반대쪽에 가방끈을 달아보세요.

**LESSON 12**

# 고깔모자

특별한 날에는 특별한 모자가 필요하지요.
마법사도 산타도, 생일 축하파티도, 아이스크림도 될 수 있는 고깔모자입니다.
몸통에 끼우면 아이스크림으로도 연출할 수 있어요.

### ► READY

**실:** 면 50g (약 160m) 2.5~3.0mm 바늘용
**게이지:** 28코×38단 (2.5~3.0mm 바늘, 10x10cm 메리야스 무늬)
**바늘:** 코바늘 3.0mm (5/0호)
**인형 사이즈:** 10cm 인형 (머리 둘레 19~21cm / 몸통 둘레 13cm)

## HOW TO MAKE 귓구멍이 있는 고깔모자

뜨개질 순서: 🟡 ➡ 🟤 ➡ ⚪
● : 귓구멍 표시

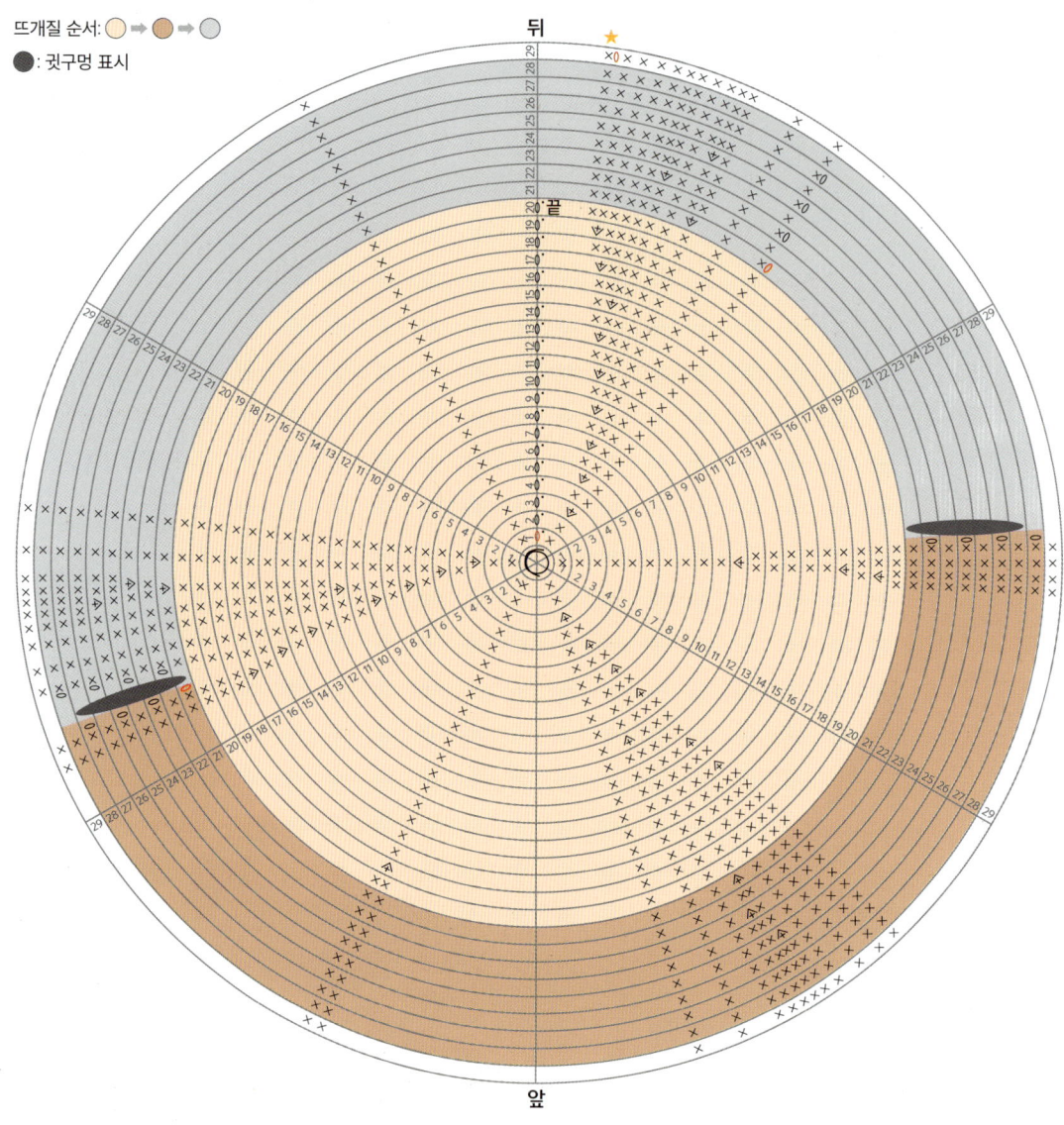

| | |
|---|---|
| **1단** | 원형코로 시작 — 기둥사슬 1 — 짧은뜨기 6 — 빼뜨기로 연결 (총 6코) |
| **2단** | 기둥사슬 1 — 짧은뜨기 6 — 빼뜨기로 연결 (총 6코) |
| **3단** | 기둥사슬 1 — [짧은뜨기 1, 짧은뜨기 2코 늘려뜨기 1]×3회 반복 — 빼뜨기로 연결 (총 9코) |
| **4단** | 기둥사슬 1 — 짧은뜨기 9 — 빼뜨기로 연결 (총 9코) |
| **5단** | 기둥사슬 1 — [짧은뜨기 2, 짧은뜨기 2코 늘려뜨기 1]×3회 반복 — 빼뜨기로 연결 (총 12코) |
| **6단** | 기둥사슬 1 — 짧은뜨기 12 — 빼뜨기로 연결 (총 12코) |
| **7단** | 기둥사슬 1 — [짧은뜨기 3, 짧은뜨기 2코 늘려뜨기 1]×3회 반복 — 빼뜨기로 연결 (총 15코) |
| **8단** | 기둥사슬 1 — 짧은뜨기 15 — 빼뜨기로 연결 (총 15코) |

| 9단 | 기둥사슬 1 — [짧은뜨기 4, 짧은뜨기 2코 늘려뜨기 1]×3회 반복 — 빼뜨기로 연결 (총 18코) |
|---|---|
| 10단 | 기둥사슬 1 — 짧은뜨기 18 — 빼뜨기로 연결 (총 18코) |
| 11단 | 기둥사슬 1 — [짧은뜨기 3, 짧은뜨기 2코 늘려뜨기 1, 짧은뜨기 4, 짧은뜨기 2코 늘려뜨기 1]×2회 반복 — 빼뜨기로 연결 (총 22코) *4코 늘리기 |
| 12단 | 기둥사슬 1 — 짧은뜨기 22 — 빼뜨기로 연결 (총 22코) |
| 13단 | 기둥사슬 1 — [짧은뜨기 6, 짧은뜨기 2코 늘려뜨기 1]×2회 반복 — 짧은뜨기 7 — 짧은뜨기 2코 늘려뜨기 1 — 빼뜨기로 연결 (총 25코) *3코 늘리기 |
| 14단 | 기둥사슬 1 — 짧은뜨기 25 — 빼뜨기로 연결 (총 25코) |
| 15단 | 기둥사슬 1 — [짧은뜨기 7, 짧은뜨기 2코 늘려뜨기 1]×3회 반복 — 짧은뜨기 1 — 빼뜨기로 연결 (총 28코) *3코 늘리기 |
| 16단 | 기둥사슬 1 — 짧은뜨기 28 — 빼뜨기로 연결 (총 28코) |
| 17단 | 기둥사슬 1 — 짧은뜨기 8 — 짧은뜨기 2코 늘려뜨기 1 — 짧은뜨기 9 — 짧은뜨기 2코 늘려뜨기 1 — 짧은뜨기 8 — 짧은뜨기 2코 늘려뜨기 1 — 빼뜨기로 연결 (총 31코) *3코 늘리기 |
| 18단 | 기둥사슬 1 — 짧은뜨기 31 — 빼뜨기로 연결 (총 31코) |
| 19단 | 기둥사슬 1 — 짧은뜨기 10 — 짧은뜨기 2코 늘려뜨기 1 — 짧은뜨기 8 — 짧은뜨기 2코 늘려뜨기 1 — 짧은뜨기 10 — 짧은뜨기 2코 늘려뜨기 1 — 빼뜨기로 연결 (총 34코) *3코 늘리기 |
| 20단 | 기둥사슬 1 — 짧은뜨기 34 — 빼뜨기로 연결 (총 34코) — 마무리 ❶❷ |

20단까지 완성한 앞모습

20단까지 완성한 뒷모습

> **Note** 사선 모양이 생기면 이렇게 해결하자

뜨개질을 할 때 고깔 부분을 빙 돌아가며 선이 생길 수도 있습니다.

틀린 예시

이럴 때는 단이 시작되는 자리에 기둥코를 만들고, 그 자리에 첫 번째 코를 뜨개질을 하면 됩니다. 자세한 과정은 아래 내용을 살펴보세요.

**1** 다음 단 첫 번째 코

**2** 기둥코를 만든 모습

**3** 첫 번째 코를 뜨개질한 모습

## 🌸 모자 앞쪽

귓구멍을 만들기 위해 앞판 부채꼴과 뒤판 부채꼴을 따로 만듭니다. 적당한 위치에 실을 끼워 뜨개질을 시작합니다. 단이 바뀌는 부분이 뒤로 오도록 하여 반을 접은 뒤 앞쪽 16코, 뒤쪽 18코가 되도록 콧수를 잘 세어본 다음, 모자를 거꾸로 놓고 오른쪽 부분에서 시작합니다.

| 21단 | 기둥사슬 1 ❸ — 짧은뜨기 7 ❹ — 짧은뜨기 2코 늘려뜨기 1 — 짧은뜨기 8 (총 17코) |
| 22단 | 기둥사슬 1 — 짧은뜨기 17 (총 17코) |
| 23단 | 기둥사슬 1 — 짧은뜨기 7 — 짧은뜨기 2코 늘려뜨기 1 — 짧은뜨기 9 (총 18코) |
| 24단 | 기둥사슬 1 — 짧은뜨기 18 (총 18코) |
| 25단 | 기둥사슬 1 — 짧은뜨기 9 — 짧은뜨기 2코 늘려뜨기 1 — 짧은뜨기 8 (총 19코) |
| 26~28단 | 기둥사슬 1 — 짧은뜨기 19 (총 19코) |

28단까지 뜨개질한 후 마무리 ❺

바늘 넣는 위치에 기둥사슬을 만든 모습

첫번째 코를 뜨개질한 모습

28단까지 뜨개질한 모습

## 🌸 모자 뒤쪽

모자 앞쪽을 뜨개질한 바로 옆 코에서 시작합니다 ❻.

| 21단 | 기둥사슬 1 — 짧은뜨기 2 — 짧은뜨기 2코 늘려뜨기 1 — 짧은뜨기 10 — 짧은뜨기 2코 늘려뜨기 1 — 짧은뜨기 4 (총 20코) |
|---|---|
| 22단 | 기둥사슬 1 — 짧은뜨기 20 (총 20코) |
| 23단 | 기둥사슬 1 — 짧은뜨기 5 — 짧은뜨기 2코 늘려뜨기 1 — 짧은뜨기 8 — 짧은뜨기 2코 늘려뜨기 1 — 짧은뜨기 5 (총22코) |
| 24단 | 기둥사슬 1 - 짧은뜨기 22 (총 22코) |
| 25단 | 기둥사슬 1 — 짧은뜨기 3 — 짧은뜨기 2코 늘려뜨기 1 — 짧은뜨기 13 — 짧은뜨기 2코 늘려뜨기 1 — 짧은뜨기 4 (총24코) |
| 26~28단 | 기둥사슬 1 — 짧은뜨기 24 (총 24코) — 마무리 ❼❽ |

뜨개질 시작하는 위치

뒤쪽을 완성한 모습

옆에서 본 모습

## 🌸 모자 챙

모자 뒷면 가운데(뒷면 부채꼴의 13번째 코)에서 시작합니다 ⑨.

> **Tip** 144쪽 그림 도안의 별(★)표시 참고

| 29단 | 기둥사슬 1 — 짧은뜨기 43 — 빼뜨기로 연결 (총 43코) ⑩ |
|---|---|
| 30단 | 기둥사슬 1 — **짧은뜨기 앞걸어뜨기 43** — 빼뜨기로 연결 (총 43코) |
| 31단 | 기둥사슬 1 — [짧은뜨기 6, 짧은뜨기 2코 늘려뜨기 1]×6회 반복 — 짧은뜨기 1 — 빼뜨기로 연결 (총 49코) |
| 32단 | 기둥사슬 1 — 짧은뜨기 4 — 짧은뜨기 2코 늘려뜨기 1 — [짧은뜨기 7, 짧은뜨기 2코 늘려뜨기 1]×5회 반복 — 짧은뜨기 4 — 빼뜨기로 연결 (총 55코) |
| 33단 | 기둥사슬 1 — [짧은뜨기 8, 짧은뜨기 2코 늘려뜨기 1]×6회 반복 — 짧은뜨기 1 — 빼뜨기로 연결 (총 61코) |
| 34단 | 기둥사슬 1 — 짧은뜨기 5 — 짧은뜨기 2코 늘려뜨기 1 — [짧은뜨기 9, 짧은뜨기 2코 늘려뜨기 1]×5회 반복 — 짧은뜨기 5 — 빼뜨기로 연결 (총 67코) |
| 35단 | 기둥사슬 1 — [짧은뜨기 10, 짧은뜨기 2코 늘려뜨기 1]×6회 반복 — 짧은뜨기 1 — 빼뜨기로 연결 (총 73코) |
| 36단 | 기둥사슬 1 — 짧은뜨기 6 — 짧은뜨기 2코 늘려뜨기 1 — [짧은뜨기 11, 짧은뜨기 2코 늘려뜨기 1]×5회 반복 — 짧은뜨기 6 — 빼뜨기로 연결 (총 79코) |
| 37단 | 기둥사슬 1 — [짧은뜨기 12, 짧은뜨기 2코 늘려뜨기 1]×6회 반복 — 짧은뜨기 1 — 빼뜨기로 연결 (총 85코) |
| 38단 | 기둥사슬 1 — 짧은뜨기 85 — 빼뜨기로 연결 (총 85코) |
| 39단 | 빼뜨기 85 — 마무리 |

모자 챙을 시작하는 위치

귓구멍 부분은 그냥 바로 이어서 뜨개질하면 됩니다. 콧수를 늘리거나 줄이는 것 없이 바로 이어서 뜨개질하면 됩니다.

> **Note** **30단을 짧은뜨기 앞걸어뜨기로 만든 모습**

30단의 짧은뜨기 앞걸어뜨기를 하면 고깔부분과 챙 부분에 경계선이 생깁니다. 30단을 생략하면 자연스럽게 이어지지만 챙과 고깔의 경계선이 불분명합니다. 원하는 대로 뜨개질해 보세요.

짧은뜨기 앞걸어뜨기로 만든 모자

짧은뜨기 앞걸어뜨기 없이 만든 모자

## HOW TO MAKE 산타 모자

빨간색과 흰색 실을 이용하여 산타 모자를 만들어 봅시다. **귓구멍이 있는 고깔모자** 도안에서 모자 챙을 다르게 뜨개질합니다.

### 🌼 산타 모자 챙

30단부터 실의 색상을 바꾸어 뜨개질합니다.

| | |
|---|---|
| **29단** | 기둥사슬 1 — 짧은뜨기 43 — 빼뜨기로 연결 (총 43코) |
| **30단** | 기둥사슬 1 — [짧은뜨기 13, 짧은뜨기 2코 늘려뜨기 1]×3회 반복 — 짧은뜨기 1 — 빼뜨기로 연결 (총 46코) ❶ |
| **31단** | 기둥사슬 2 — 긴뜨기 46 — 빼뜨기로 연결 (총 46코) |
| **32단** | 기둥사슬 2 — [긴뜨기 14, 긴뜨기 2코 늘려뜨기 1]×3회 반복 — 긴뜨기 1 — 빼뜨기로 연결 (총 49코) |
| **33단** | 기둥사슬 2 — 긴뜨기 49 — 빼뜨기로 연결 (총 49코) |
| **34단** | 기둥사슬 1 — 짧은뜨기 49 — 빼뜨기로 연결 (총 49코) |
| **35단** | 빼뜨기 49 — 마무리 ❷ |

노란색 부분이 30단부터 35단의 모습입니다.

노란 부분을 뜨개질하고 나면 위로 접어서 인형에게 씌웁니다.

## 🌸 방울

모자를 만들고 이어서 방울을 만들어 완성합니다.

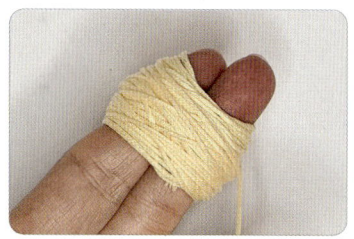

1 방울의 크기를 고려하여 손가락 2~3개 정도를 실로 감아 줍니다.

2 손가락 사이로 실을 넣어 절반이 되는 위치에서 아주 세게 꽉 묶어 줍니다.

3 마찬가지로 가운데를 꽉 묶어 주세요.

4 양쪽 가장자리를 가위로 자릅니다.

5 잘 다듬어 줍니다.

6 모자에 달아 완성한 모습

 **Tip** 손가락 2개로 하면 작은 방울을, 손가락 3개로 하면 큰 방울을 만들 수 있습니다.

### Note  수면사를 쓰면 뭉실뭉실한 느낌 UP!

수면사를 포인트로 활용하면 포근한 느낌으로 연출할 수 있습니다.
귀여운 잠옷과 어울리는 모자로 변형해 보세요.

## HOW TO MAKE 아이스크림콘

###  콘

**귓구멍이 있는 고깔모자** 도안에서 귓구멍과 모자 챙을 빼면 콘을 만들 수 있습니다. 우선 1~19단은 **귓구멍이 있는 고깔모자** 도안과 동일하게 만듭니다. 이후 과정은 아래 과정을 따라 하세요.

| | |
|---|---|
| 20단 | 기둥사슬 1 — 짧은뜨기 34 — 빼뜨기로 연결 (총 34코) *마무리하지 않고 바로 이어서 21단을 뜨개질합니다. |
| 21단 | 기둥사슬 1 — 짧은뜨기 3 — 짧은뜨기 2코 늘려뜨기 1 — 짧은뜨기 11 — 짧은뜨기 2코 늘려뜨기 1 — 짧은뜨기 10 — 짧은뜨기 2코 늘려뜨기 1 — 짧은뜨기 7 — 빼뜨기로 연결 (총 37코) |
| 22단 | 기둥사슬 1 — 짧은뜨기 37 — 빼뜨기로 연결 (총 37코) |
| 23단 | 기둥사슬 1 — 짧은뜨기 3 — 짧은뜨기 2코 늘려뜨기 1 — 짧은뜨기 12 — 짧은뜨기 2코 늘려뜨기 1 — 짧은뜨기 14 — 짧은뜨기 2코 늘려뜨기 1 — 짧은뜨기 5 — 빼뜨기로 연결 (총 40코) |
| 24단 | 기둥사슬 1 — 짧은뜨기 40 — 빼뜨기로 연결 (총 40코) |
| 25단 | 기둥사슬 1 — 짧은뜨기 5 — 짧은뜨기 2코 늘려뜨기 1 — 짧은뜨기 13 — 짧은뜨기 2코 늘려뜨기 1 — 짧은뜨기 11 — 짧은뜨기 2코 늘려뜨기 1 — 짧은뜨기 8 — 빼뜨기로 연결 (총43코) |
| 26~28단 | 기둥사슬 1 — 짧은뜨기 43 — 빼뜨기로 연결 (총 43코) |
| 29단 | [빼뜨기 3, 사슬뜨기 3]×13회 반복 (사슬뜨기 3코 뜨고 바로 다음 코에 이어서 뜨개질합니다.) — 빼뜨기로 연결 후 마무리 |

**Tip** 29단 안쪽에 [한길긴뜨기 5코 늘려뜨기 1, 빼뜨기 1]을 반복하면 하얀색 크림 장식을 덧붙일 수 있습니다.

### 🟣 생일 축하 모자

**귓구멍이 있는 고깔모자** 도안에서 적당한 높이가 되도록 뜨개질합니다. 저는 15단까지 뜨개질했습니다. 빼뜨기 장식을 달고 모자 테두리 부분을 꾸며 나만의 생일 축하 모자를 만들어 보세요!

• CHAPTER 04 •

# 상급
# 코바늘 도안

## LESSON 13

# 동물 귀 모자

모자에 귀 장식을 다는 것이 아닌 입체 귀 모양을 만들 수 있는 도안입니다.
뾰족한 고양이 귀와 동글동글한 토끼 귀를 만들 수 있지요.
짧게 만들면 햄스터나 개구리로 응용할 수도 있어요.

### READY

**실:** 면 50g (약 160m) 2.5~3.0mm 바늘용
**게이지:** 28코×38단 (2.5~3.0mm 바늘, 10×10cm 메리야스 무늬)
**바늘:** 코바늘 3.0mm (5/0호)
**인형 사이즈:** 10cm 인형 (머리 둘레 19~21cm)

# HOW TO MAKE 고양이 귀 모자

### 고양이 귀

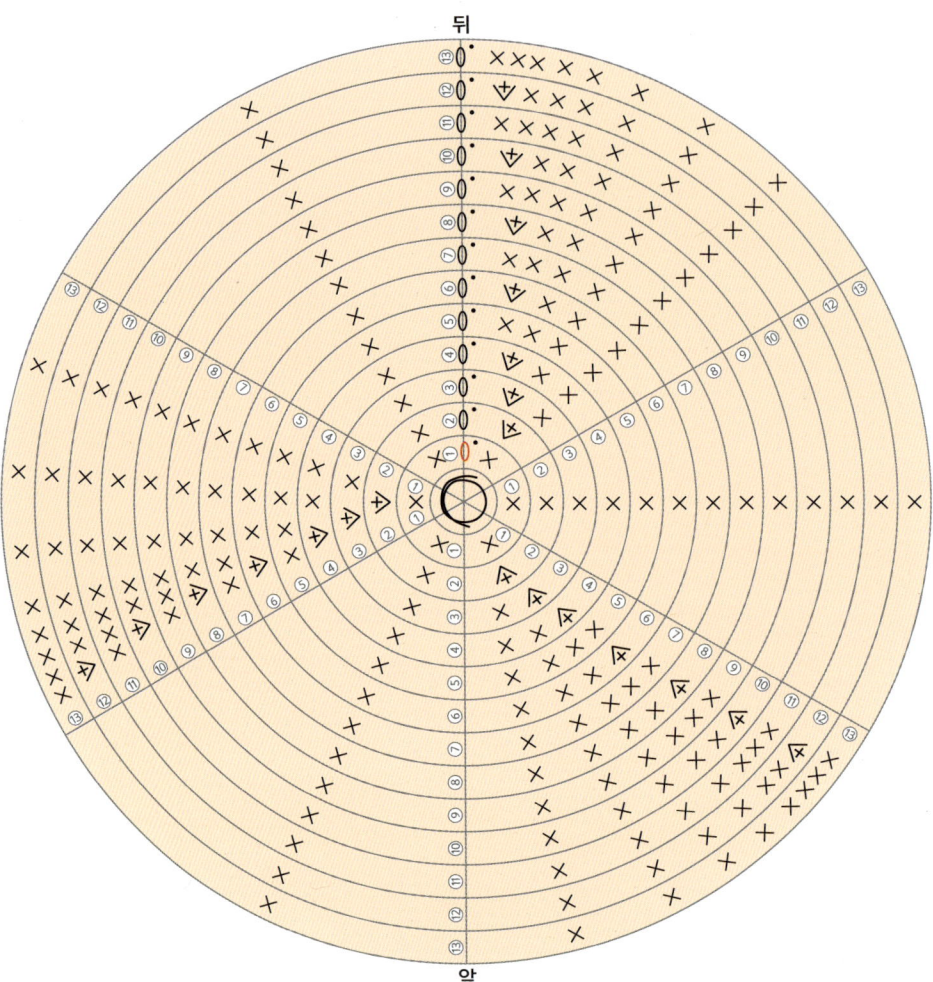

| | |
|---|---|
| 1단 | 원형코로 시작 — 기둥사슬 1 — 짧은뜨기 6 — 빼뜨기로 연결 (총 6코) |
| 2단 | 기둥사슬 1 — [짧은뜨기 1, 짧은뜨기 2코 늘려뜨기 1]×3회 반복 — 빼뜨기로 연결 (총 9코) |
| 3단 | 기둥사슬 1 — [짧은뜨기 2, 짧은뜨기 2코 늘려뜨기 1]×3회 반복 — 빼뜨기로 연결 (총 12코) |
| 4단 | 기둥사슬 1 — [짧은뜨기 3, 짧은뜨기 2코 늘려뜨기 1]×3회 반복 — 빼뜨기로 연결 (총 15코) |
| 5단 | 기둥사슬 1 — 짧은뜨기 15 — 빼뜨기로 연결 (총 15코) |
| 6단 | 기둥사슬 1 — [짧은뜨기 4, 짧은뜨기 2코 늘려뜨기 1]×3회 반복 — 빼뜨기로 연결 (총 18코) |
| 7단 | 기둥사슬 1 — 짧은뜨기 18 — 빼뜨기로 연결 (총 18코) |
| 8단 | 기둥사슬 1 — [짧은뜨기 5, 짧은뜨기 2코 늘려뜨기 1]×3회 반복 — 빼뜨기로 연결 (총 21코) |
| 9단 | 기둥사슬 1 — 짧은뜨기 21 — 빼뜨기로 연결 (총 21코) |
| 10단 | 기둥사슬 1 — [짧은뜨기 6, 짧은뜨기 2코 늘려뜨기 1]×3회 반복 — 빼뜨기로 연결 (총 24코) |
| 11단 | 기둥사슬 1 — 짧은뜨기 24 — 빼뜨기로 연결 (총 24코) |
| 12단 | 기둥사슬 1 — [짧은뜨기 7, 짧은뜨기 2코 늘려뜨기 1]×3회 반복 — 빼뜨기로 연결 (총 27코) |
| 13단 | 기둥사슬 1 — 짧은뜨기 27 — 빼뜨기로 연결 (총 27코) ❶❷ |

13단까지 뜨개질한 모습

두 개를 준비합니다.

## 🔘 고양이 귀 연결

뜨개질 순서: 🟡 ➡ 🟤 ➡ 🟠
🟡 : 고양이 귀
🟤 : 연결 부분
🟠 : 모자 옆면

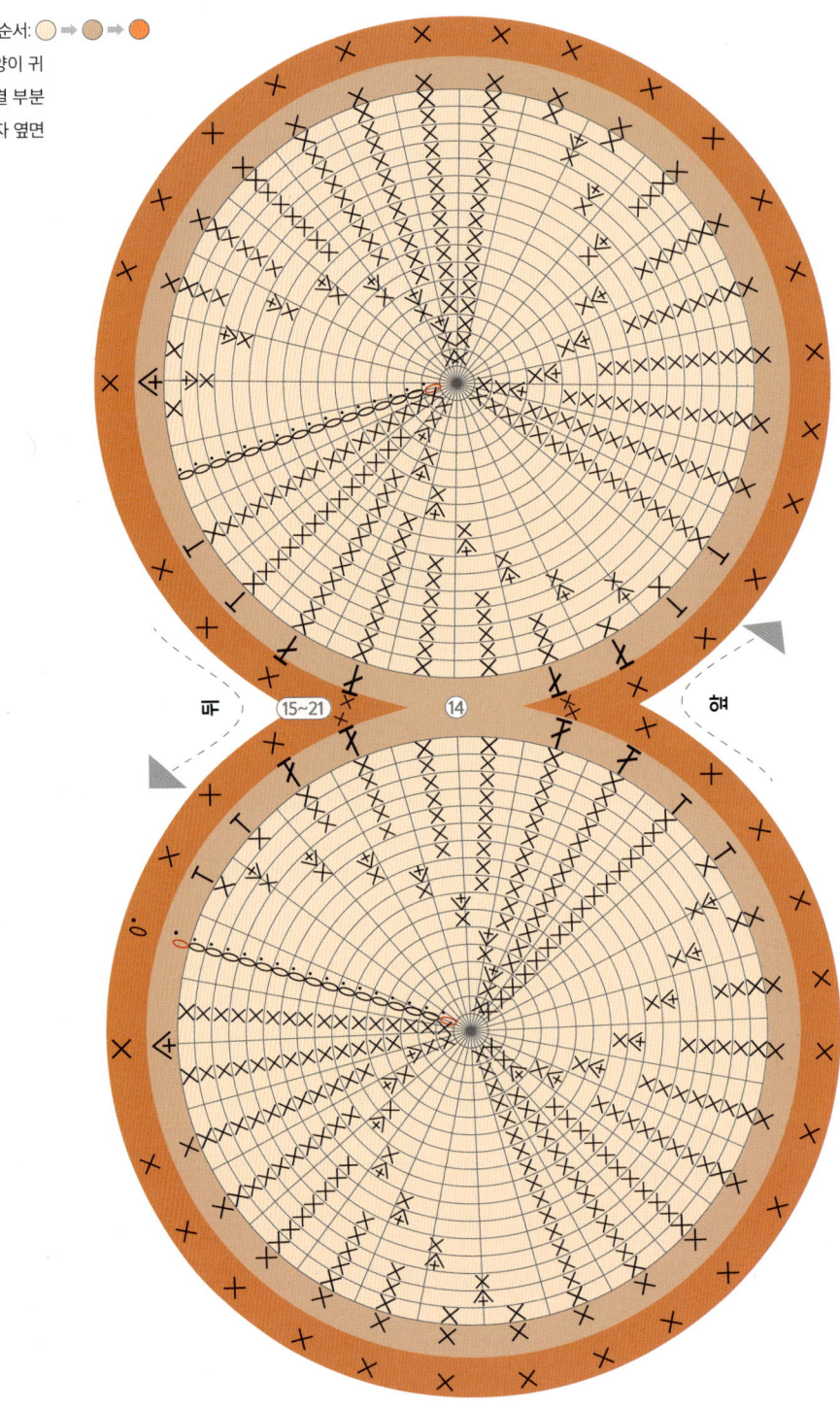

**14단** (왼쪽 귀 뒤쪽에서 시작)기둥사슬 1 — 짧은뜨기 2코 모아뜨기 1 ❸ — 짧은뜨기 15 — 긴뜨기 2 — 한길긴뜨기 2 ❹ — 오른쪽 귀에 연결하여 ❺ 한길긴뜨기 2 ❻❼ — 긴뜨기 2 ❽ — 짧은뜨기 15 — 짧은뜨기 2코 모아뜨기 1 — 긴뜨기 2 — 한길긴뜨기 2 ❾ — 왼쪽 귀에 연결하여 한길긴뜨기 2 — 긴뜨기 2 ❿ — 빼뜨기로 연결 (총 48코) ⓫⓬⓭

짧은뜨기 2코 모아뜨기

긴뜨기 2 — 한길긴뜨기 2

7번째 코에서 시작합니다.

한길긴뜨기를 뜨개질합니다.

한길긴뜨기를 뜨개질한 모습

긴뜨기 2 — 한길긴뜨기 2 — 오른쪽 귀에 연결하여 한길긴뜨기 2 — 긴뜨기 2

짧은뜨기 15 — 긴뜨기 2 — 한길긴뜨기 2 — 왼쪽 귀에 연결하여 한길긴뜨기 2 — 긴뜨기 2

왼쪽 귀와 연결을 완성한 모습

14단을 완성하고 위에서 본 모습

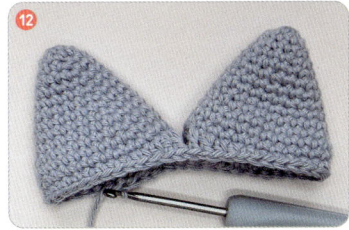
14단을 완성하고 옆에서 본 모습

구멍이 남은 부분은 돗바늘로 꿰매어 마무리합니다.

**15~21단** 기둥사슬 1 — 짧은뜨기 48 — 빼뜨기 연결 (총 48코) ⑭⑮

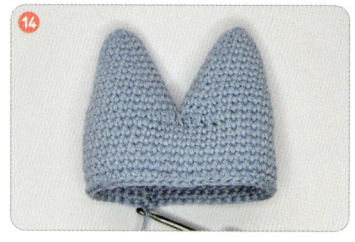

21단까지 완성하고 앞에서 본 모습    21단까지 완성하고 뒤에서 본 모습

## 🌸 볼캡 챙

앞쪽 적당한 위치에 시작합니다. **볼캡 챙** 그림 도안의 ★표시 부분을 참고하세요.

🔗 **Link**  볼캡 모자 챙 도안 071쪽

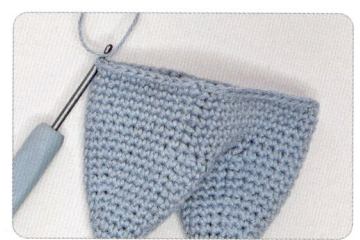

모자 챙 시작하는 위치: 모자의 앞면 오른쪽 끝 부분에서 시작합니다. 20코를 뜨기 때문에 모자의 중심을 잘 찾아서 오른쪽으로 10코 이동하여 시작합니다.

모자 뒤쪽 단이 바뀌는 선에서 약 12번째 코에서 시작합니다(모자 챙의 시작 위치는 뜨개질하시면서 적당한 곳으로 고르면 됩니다).

## 🌸 벙거지 챙

뒤쪽 가운데에서 시작합니다.    🔗 **Link**  벙거지 챙 도안 070쪽

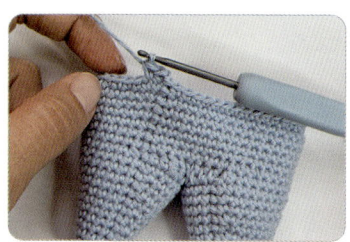
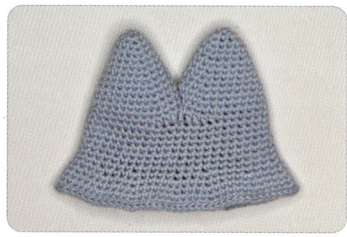

21단까지 뜨개질한 후 실을 끊지 않고 바로 시작합니다.

완성한 모습

## HOW TO MAKE 토끼 귀 모자

### 🌸 토끼 귀

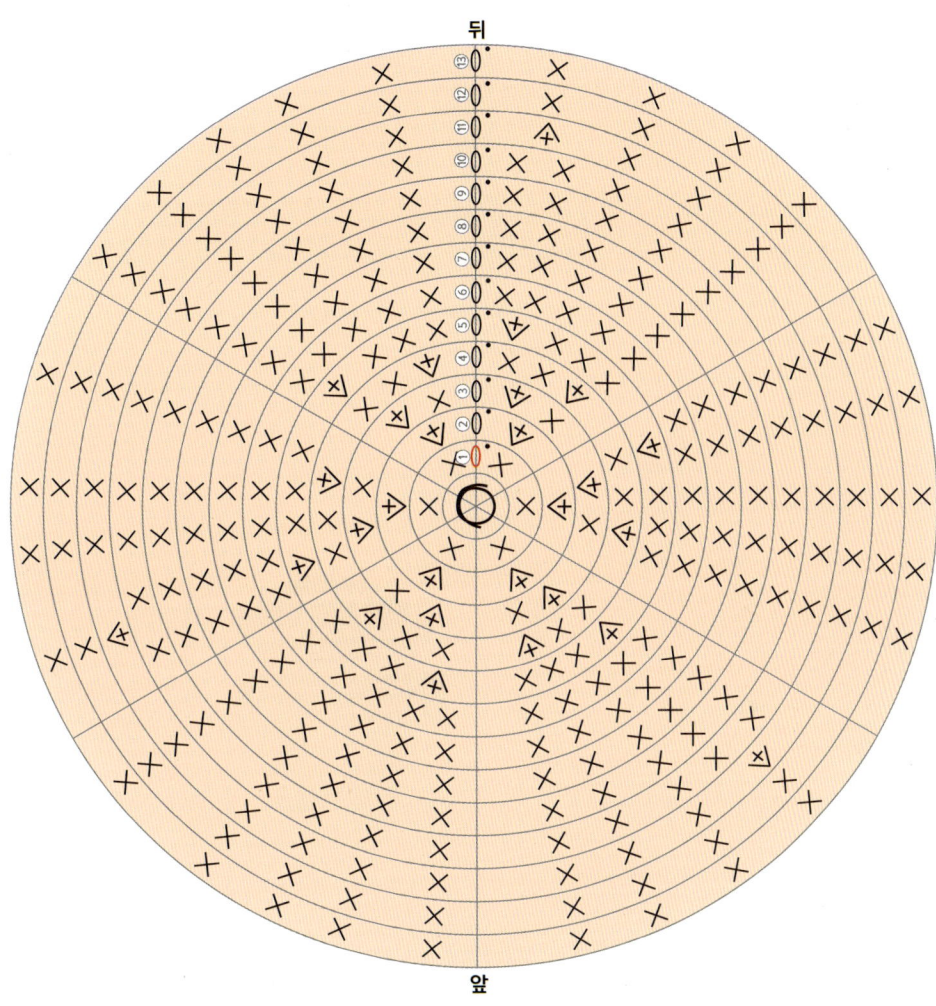

| 1단 | 원형코로 시작 — 기둥사슬 1 — 짧은뜨기 6 — 빼뜨기로 연결 (총 6코) |
|---|---|
| 2단 | 기둥사슬 1 — 짧은뜨기 2코 늘려뜨기 6 — 빼뜨기로 연결 (총 12코) |
| 3단 | 기둥사슬 1 — [짧은뜨기 1, 짧은뜨기 2코 늘려뜨기 1]×6회 반복 — 빼뜨기로 연결 (총 18코) |
| 4단 | 기둥사슬 1 — [짧은뜨기 2코 늘려뜨기 1, 짧은뜨기 2]×6회 반복 — 빼뜨기로 연결 (총 24코) |
| 5단 | 기둥사슬 1 — [짧은뜨기 3, 짧은뜨기 2코 늘려뜨기 1]×6회 반복 — 빼뜨기로 연결 (총 30코) |
| 6~10단 | 기둥사슬 1 — 짧은뜨기 30 — 빼뜨기로 연결 (총 30코) |
| 11단 | 기둥사슬 1 — [짧은뜨기 8, 짧은뜨기 2코 모아뜨기 1]×3회 반복 — 빼뜨기로 연결 (총 27코) |
| 12~13단 | 기둥사슬 1 — 짧은뜨기 27 — 빼뜨기로 연결 (총 27코) |

## 🔘 토끼 귀 연결

14단은 **고양이 귀 연결** 도안과 동일하게 만듭니다. 고양이 귀 대신에 토끼 귀 2개를 연결하면 됩니다.

## 🔘 모자 챙

15단부터 고양이 귀 도안을 참고하여 옆면을 뜨개질하고 **볼캡 챙**과 **벙거지 챙** 중에서 원하는 스타일로 모자 챙을 달아서 완성합니다. 토끼 모자는 귀를 연결하여 붙은 귀 모양으로 만들 수도 있고, 자유롭게 벌어지는 귀 모양으로도 만들 수 있습니다. 🔗 **Link** 볼캡 챙 도안 071쪽, 벙거지 챙 도안 070쪽

 ## 개구리 눈 or 햄스터 귀 모자

### 🌸 개구리 눈 or 햄스터 귀

왼쪽: 우비 + 개구리 눈 / 가운데: 입체 고양이 귀 + 우비 / 오른쪽: 개구리 눈 + 벙거지 챙

| | |
|---|---|
| 1단 | 원형코로 시작 — 기둥사슬 1 — 짧은뜨기 6 — 빼뜨기로 연결 (총 6코) |
| 2단 | 기둥사슬 1 — 짧은뜨기 2코 늘려뜨기 6 — 빼뜨기로 연결 (총 12코) |
| 3단 | 기둥사슬 1 — [짧은뜨기 1, 짧은뜨기 2코 늘려뜨기 1]×6회 반복 — 빼뜨기로 연결 (총 18코) |
| 4단 | 기둥사슬 1 — [짧은뜨기 2코 늘려뜨기 1, 짧은뜨기 2]×6회 반복 — 빼뜨기로 연결 (총 24코) |
| 5단 | 기둥사슬 1 — [짧은뜨기 3, 짧은뜨기 2코 늘려뜨기 1]×6회 반복 — 빼뜨기로 연결 (총 30코) |
| 6~10단 | 기둥사슬 1 — 짧은뜨기 30 — 빼뜨기로 연결 (총 30코) |
| 11단 | 기둥사슬 1 — [짧은뜨기 8, 짧은뜨기 2코 모아뜨기 1]×3회 반복 — 빼뜨기로 연결 (총 27코) |

### 🌸 개구리 눈 or 햄스터 귀 연결

12단부터는 **고양이 귀** 도안의 14단에서 시작하여 이어서 뜨개질합니다(**토끼 귀** 도안에서 12~14단을 빼면 **개구리** 눈 도안이 됩니다). 개구리 눈 or 햄스터 귀 2개를 연결하면 됩니다.

## 🌸 모자 챙

13단부터는 **고양이 귀** 도안의 15단부터 참고하여 옆면을 뜨개질하고 **볼캡 챙**과 **벙거지 챙** 중에서 원하는 스타일로 모자 챙을 달아서 완성합니다. 🔗 **Link** 볼캡 챙 도안 071쪽, 벙거지 챙 도안 070쪽

> **Note** 더욱 햄스터와 개구리처럼 꾸미는 법
> 
> 햄스터의 귀를 눌러 접어 연출하거나, 검은색 실로 눈과 입을 만들어 붙이면 얼굴 표정이 있는 개구리 모자로 응용할 수 있습니다.

**LESSON 14**

# 도넛

달콤 폭신한 도넛과 디저트 타임! 인형 장식 스탠드 만들기!
튜브처럼 만들어서 다가오는 여름엔 인형의 여름 휴가를 꾸며 보세요!

**• READY •**

**실:** 면 50g (약 160m) 4.0~5.0mm 바늘용
**게이지:** 20코×28단
**바늘:** 코바늘 4.0mm (7/0호(한/일), G-6(미))
**인형 사이즈:** 10cm 인형 (몸통 둘레 13~17cm)

 ## 크림 도넛

### 🌸 크림 도넛 밑부분, 윗부분

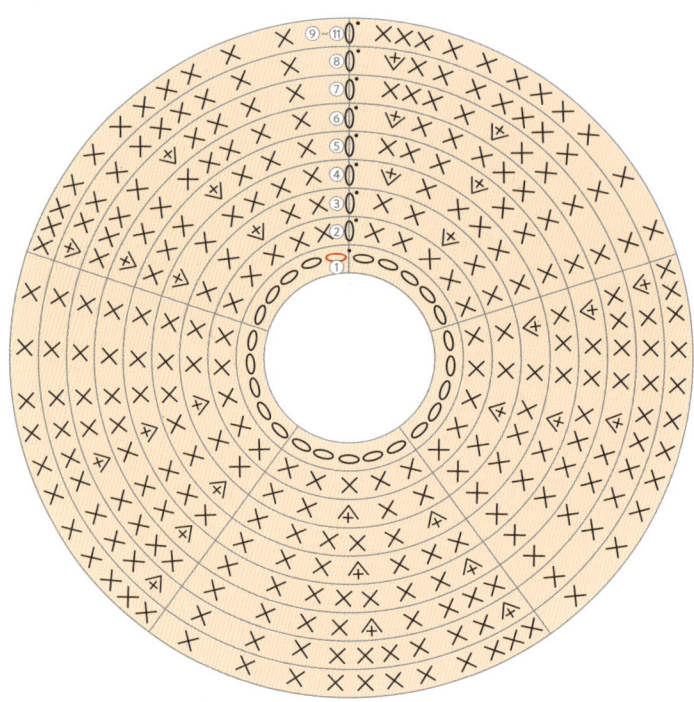

| | |
|---|---|
| 1단 | 사슬뜨기 25 ❶ — 빼뜨기로 연결 (총 25코) ❷ |
| 2단 | 기둥사슬 1 — 짧은뜨기 25코 — 빼뜨기로 연결 (총 25코) ❸ |
| 3단 | 기둥사슬 1 — [짧은뜨기 2, 짧은뜨기 2코 늘려뜨기 1, 짧은뜨기 2]×5회 반복 — 빼뜨기로 연결 (총 30코) |
| 4단 | 기둥사슬 1 — [짧은뜨기 5, 짧은뜨기 2코 늘려뜨기 1]×5회 반복 — 빼뜨기로 연결 (총35코) |
| 5단 | 기둥사슬 1 — [짧은뜨기 3, 짧은뜨기 2코 늘려뜨기 1, 짧은뜨기 3]×5회 반복 — 빼뜨기로 연결 (총 40코) |
| 6단 | 기둥사슬 1 — [짧은뜨기 7, 짧은뜨기 2코 늘려뜨기 1]×5회 반복 — 빼뜨기로 연결 (총45코) |
| 7단 | 기둥사슬 1 — [짧은뜨기 4, 짧은뜨기 2코 늘려뜨기 1, 짧은뜨기 4]×5회 반복 — 빼뜨기로 연결 (총 50코) |
| 8단 | 기둥사슬 1 — [짧은뜨기 9, 짧은뜨기 2코 늘려뜨기 1]×5회 반복 — 빼뜨기로 연결 (총 55코) |

1단을 만듭니다.

첫 코와 마지막 코를 빼뜨기로 연결합니다.

2단까지 완성한 모습

**9~11단**    기둥사슬 1 — 짧은뜨기 55 — 빼뜨기로 연결 (총 55코) ❹ ❺

9단까지 완성한 모습

11단까지 완성한 모습

## 🔘 크림 도넛 윗부분 추가

도넛 윗부분에 가장자리 장식을 추가해서 총 12단을 만듭니다.

● : 크림 도넛 도안의 11단
○ : 흘러내리는 크림 장식

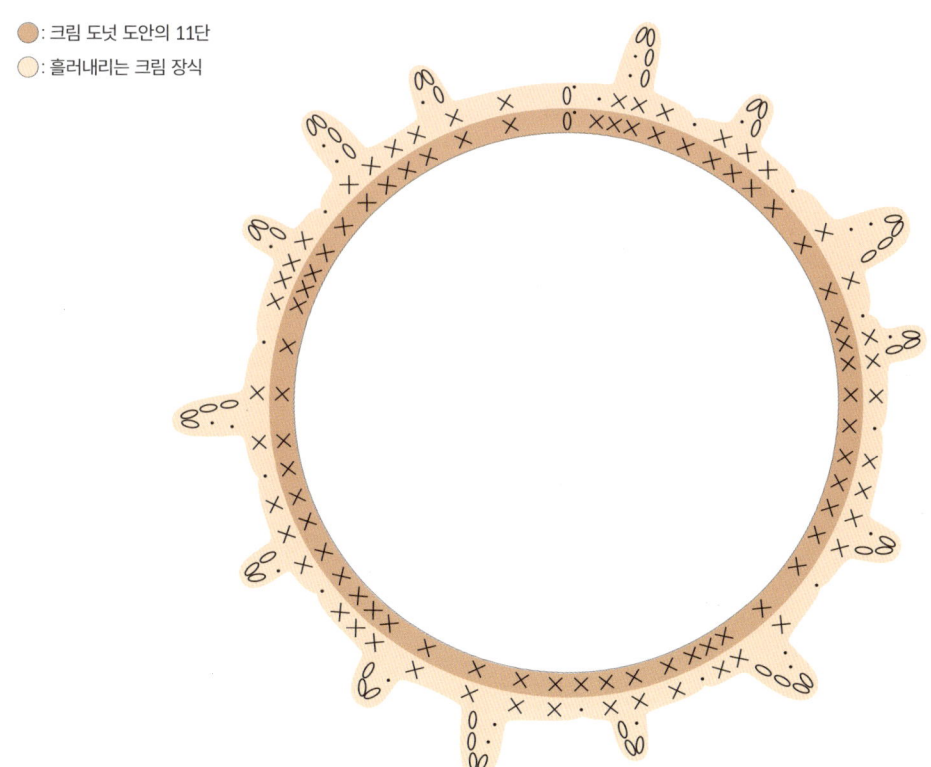

169

**1~11단**  도넛 밑부분 만들기와 똑같이 진행합니다.

> **Tip** 12단 만들기가 어렵다면 1~11단까지만 진행하고 연결해도 됩니다.

**12단**  기둥사슬 1 — 짧은뜨기 2 — 사슬뜨기 3 — 빼뜨기 1 — 짧3 — 사슬뜨기 4 — 빼뜨기 2 — 짧은뜨기 1 — 빼뜨기 1 — 짧은뜨기 1 — 사슬뜨기 3 — 빼뜨기 1 — 짧은뜨기 3 — 빼뜨기 1 — 짧은뜨기 1 — 사슬뜨기 4 — 빼뜨기 2 — 짧은뜨기 1 — 빼뜨기 1 — 짧은뜨기 2- 사슬뜨기 3 — 빼뜨기 1 — 짧은뜨기 1 — 빼뜨기 1 — 짧은뜨기 3 — 사슬뜨기 3 — 빼뜨기 1 — 짧은뜨기 2 — 사슬뜨기 4 — 빼뜨기 2 — 짧은뜨기 2 — 빼뜨기 1 — 짧은뜨기 1 — 사슬뜨기 3 — 빼뜨기 1 — 짧은뜨기 2 — 빼뜨기 1 — 짧은뜨기 2 — 빼뜨기 1 — 짧은뜨기 2 — 사슬뜨기 4 — 빼뜨기 2 — 짧은뜨기 1 — 빼뜨기 1 — 짧은뜨기 1 — 사슬뜨기 3 — 빼뜨기 1 — 짧은뜨기 3 — 빼뜨기 1 — 짧은뜨기 2 — 사슬뜨기 3 — 빼뜨기 1 — 짧은뜨기 1 — 빼뜨기 1 — 사슬뜨기 4 — 빼뜨기 2 — 짧은뜨기 1 — 빼뜨기 1 — 짧은뜨기 2 — 사슬뜨기 3 — 짧은뜨기 1 — 빼뜨기 1 — 짧은뜨기 2 — 사슬뜨기 4 — 빼뜨기 2 — 짧은뜨기 1 — 빼뜨기 1 — 빼뜨기로 마무리

12단을 완성한 모습

> **Tip** 구슬을 달거나 자수를 놓아 도넛을 꾸밀 수 있습니다. 장식은 도넛 윗부분과 밑부분을 연결하기 전에 미리 해두는 편이 좋습니다.

## 도넛 위아래 연결

도넛 밑부분과 도넛 윗부분을 연결합니다. 돗바늘을 준비해 주세요.

1 도넛 윗부분과 밑부분의 겉면이 마주하도록 잘 맞춥니다.

2 돗바늘을 이용해 바느질하듯 밑부분과 윗부분을 연결합니다.

3 가운데 부분을 연결한 모습입니다.

4 연결한 도넛을 잘 뒤집습니다.

5 중심선이 이어지도록 잘 맞춘 뒤, 돗바늘로 꿰매어 연결합니다.

6 각 테두리를 연결하여 꿰매 줍니다.

7 솜을 넣을 구멍을 남겨야 합니다.

8 솜을 적당히 넣고,

9 남은 부분을 꿰매어 마무리합니다.

10 완성한 모습

## HOW TO MAKE 심플한 도넛

왼쪽은 크림의 윗부분을 짧게 만든 심플한 도넛이고, 오른쪽은 윗부분을 길게 만들어서 흘러내리는 크림을 만든 크림 도넛입니다. 취향에 따라 도넛을 만들어 보세요.

### 🌸 심플한 도넛 윗부분

크림 도넛의 도안과 같은 방식으로 1~9단까지 뜨개질합니다.  🔗 Link    크림 도넛의 윗부분 도안 168쪽

### 🌸 심플한 도넛 밑부분

크림 도넛의 도안을 1~11단까지 만들고, 2단을 더 추가해서 총 13단까지 만든 후 연결합니다.

**12~13단** 기둥사슬 1 — 짧은뜨기 55 — 빼뜨기로 연결 (총 55코)    🔗 Link    크림 도넛의 밑부분 도안 168쪽

> **Note  도넛을 장식하자**
>
> 도넛 밑부분과 윗부분을 연결하기 전에 도넛 윗부분에 자수를 놓거나 비즈를 달아 도넛을 꾸며보세요. 구슬을 사용하면 초코칩이나 설탕 장식을 흉내낼 수 있습니다. 민트색 도넛 크림에 초콜릿색으로 빼뜨기 장식을 달면 민트 초코 도넛이 되는 상상력도 발휘할 수 있습니다.

## HOW TO MAKE 튜브

도넛을 응용해서 작은 사이즈로 만들면 인형의 몸에 딱 맞는 귀여운 튜브를 만들 수 있습니다. 시원한 물놀이가 떠오르는 밝은 실로 깜찍한 튜브를 만들어 보세요.

코바늘 3.0mm로 뜨개질하면 도넛보다 작게 튜브를 만들 수 있습니다. 크림 도넛 도안의 4단의 콧수로 시작합니다. 윗부분과 밑부분으로 총 2개를 만들어 크림 도넛 만들기와 똑같은 방법으로 연결합니다.

| | |
|---|---|
| 1단 | 사슬뜨기 35 — 빼뜨기로 연결 (총 35코) |
| 2단 | 기둥사슬 1 — 짧은뜨기 35 — 빼뜨기로 연결 (총 35코) |
| 3단 | 기둥사슬 1 — [짧은뜨기 3, 짧은뜨기 2코 늘려뜨기 1, 짧은뜨기 3]×5회 반복 — 빼뜨기로 연결 (총 40코) |
| 4단 | 기둥사슬 1 — [짧은뜨기 7, 짧은뜨기 2코 늘려뜨기 1]×5회 반복 — 빼뜨기로 연결 (총 45코) |
| 5단 | 기둥사슬 1 — [짧은뜨기 4, 짧은뜨기 2코 늘려뜨기 1, 짧은뜨기 4]×5회 반복 — 빼뜨기로 연결 (총 50코) |
| 6단 | 기둥사슬 1 — [짧은뜨기 9, 짧은뜨기 2코 늘려뜨기 1]×5회 반복 — 빼뜨기로 연결 (총 55코) |
| 7~9단 | 기둥사슬 1 — 짧은뜨기 55 — 빼뜨기로 연결 (총 55코) |

### Note 도넛과 튜브의 크기를 비교하자

도넛(코바늘 4.0mm로 뜨개질)과 튜브(코바늘 3.0mm로 뜨개질)의 크기 차이를 비교해 보세요.

## LEVEL UP

핑크 튜브에 홍학 머리를 달아서 홍학 튜브를 만들 수 있습니다.

### 🌸 홍학 부리

**귓구멍이 있는 고깔모자**의 1~6단을 검은색으로 6단까지(총 12코) 만듭니다. 그리고 흰색으로 7단과 8단을 12코씩 추가합니다. 그 후에 솜을 넣어 홍학 부리를 홍학 머리에 연결합니다. 홍학 부리와 눈을 달고 난 뒤에 홍학 머리에 솜을 넣습니다.   🔗 **Link** 귓구멍이 있는 고깔모자 144쪽

### 🌸 홍학 머리와 목

먼저 **수박 or 도토리 뚜껑** 도안의 8단까지 뜨개질합니다.   🔗 **Link** 수박 or 도토리 뚜껑 136쪽

| | |
|---|---|
| 9단 | 기둥사슬 1 — [짧은뜨기 2코 모아뜨기 1, 짧은뜨기 2]×6회 반복 — 빼뜨기로 연결 (총 18코) |
| 10단 | 기둥사슬 1 — [짧은뜨기 1, 짧은뜨기 2코 모아뜨기 1]×6회 반복 — 빼뜨기로 연결 (총 12코) |
| 11~17단 | 기둥사슬 1 — 짧은뜨기 12 — 빼뜨기 연결 (총 12코) |

> **Tip** 11단~17단으로 만드는 목의 길이는 원하는 만큼 줄이고 늘려도 됩니다.

솜을 넣고 돗바늘로 꿰매어 도넛과 연결합니다.

**LESSON 15**

# 화분

꽃이 피는 봄, 해가 쨍쨍한 여름, 낙엽이 지는 가을, 찬 바람이 부는 겨울,
사계절 내내 창가나 테이블 위를 장식하는 작은 화분이 있다면 얼마나 좋을까요?
따뜻한 햇빛 아래, 작은 화분으로 장식해 보세요.

**READY**

**실:** 면 50g (약 160m)
**게이지:** 화분은 20코×28단(코바늘 4.0mm), 잎사귀 케이프 & 보닛은 28코×38단(코바늘 3.0mm)
**바늘:** 코바늘 3.0mm, 코바늘 4.0mm(7/0호(한/일), G-6(미))
**인형 사이즈:** 10cm 인형(몸통 둘레 13~17cm, 머리 둘레 19~21cm)

## HOW TO MAKE 화분

### 화분

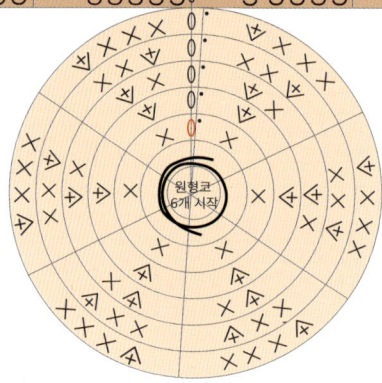

○ : 화분 바닥
● : 화분 옆면

|  |  |
|---|---|
| 1단 | 원형코로 시작 — 기둥사슬 1 — 짧은뜨기 6 — 빼뜨기로 연결 |
| 2단 | 기둥사슬 1 — 짧은뜨기 2코 늘려뜨기 6 — 빼뜨기로 연결 (총 12코) |
| 3단 | 기둥사슬 1 — [짧은뜨기 1, 짧은뜨기 2코 늘려뜨기 1]×6회 반복 — 빼뜨기로 연결 (총 18코) |
| 4단 | 기둥사슬 1 — [짧은뜨기 2코 늘려뜨기 1, 짧은뜨기 2]×6회 반복 — 빼뜨기로 연결 (총 24코) |
| 5단 | 기둥사슬 1 — [짧은뜨기 3, 짧은뜨기 2코 늘려뜨기 1]×6회 반복 — 빼뜨기로 연결 (총 30코) ❶ |
| 6단 | 기둥사슬 1 — **짧은뜨기 뒤걸어뜨기 30** — 빼뜨기로 연결 (총 30코) ❷ ❸ |

5단까지 완성한 모습

6단까지 완성한 모습

6단 뒤걸어뜨기를 옆에서 본 모습

> **Note**  뒤걸어뜨기와 앞걸어뜨기를 익히자
>
> 화분을 뜨개질할 때는 뒤걸어뜨기와 앞걸어뜨기를 번갈아 하게 됩니다. 동영상 강좌를 보고 연습해 보세요.
>
> 🔗 Link   뒤걸어뜨기 069쪽, 앞걸어뜨기 072쪽

| | | |
|---|---|---|
| 7단 | 기둥사슬 1 — 짧은뜨기 30 — 빼뜨기로 연결 (총 30코) |
| 8단 | 기둥사슬 1 — [짧은뜨기 9, 짧은뜨기 2코 늘려뜨기 1]×3회 반복 — 빼뜨기로 연결 (총 33코) |
| 9단 | 기둥사슬 1 — 짧은뜨기 33 — 빼뜨기로 연결 (총 33코) |
| 10단 | 기둥사슬 1 — [짧은뜨기 10, 짧은뜨기 2코 늘려뜨기 1]×3회 반복 — 빼뜨기로 연결 (총 36코) |
| 11단 | 기둥사슬 1 — 짧은뜨기 36 — 빼뜨기로 연결 (총 36코) |
| 12단 | 기둥사슬 1 — [짧은뜨기 11, 짧은뜨기 2코 늘려뜨기 1]×3회 반복 — 빼뜨기로 연결 (총 39코) |
| 13단 | 기둥사슬 1 — 짧은뜨기 39 — 빼뜨기로 연결 (총 39코) ❹❺ |
| 14단 | 기둥사슬 1 — **짧은뜨기 앞걸어뜨기 39** — 빼뜨기로 연결 (총 39코) ❻❼ |
| 15단 | 기둥사슬 1 — **짧은뜨기 뒤걸어뜨기 39** — 빼뜨기로 연결 (총 39코) ❽❾ |
| 16단 | 기둥사슬 1 — 짧은뜨기 39 — 빼뜨기로 연결 (총 39코) |
| 17단 | 기둥사슬 1 — [짧은뜨기 12, 짧은뜨기 2코 늘려뜨기 1]×3회 반복 — 빼뜨기로 연결 (총 42코) |
| 18단 | 기둥사슬 1 — 짧은뜨기 42 — 빼뜨기로 연결 후 마무리 (총 42코) ❿⓫ |

13단까지 완성한 모습

13단까지 완성하고 옆에서 본 모습

14단까지 완성한 모습

14단까지 완성하고 옆에서 본 모습

• HOW TO MAKE •

15단까지 완성한 모습

15단까지 완성하고 옆에서 본 모습

18단까지 완성한 모습

18단까지 완성하고 옆에서 본 모습

## 🌸 화분 안쪽 흙 (선택)

화문 안쪽에 흙을 만들어서 인형을 고정할 수 있습니다. 화분의 14단을 뜨개질했던 부분에 시작합니다.

1단　　기둥사슬 1 — [짧은뜨기 4, 짧은뜨기 2코 모아뜨기 1]×6회 반복 — 짧은뜨기 3 — 빼뜨기 연결 (총 33코) ⑫
2단　　기둥사슬 1 — [짧은뜨기 3, 짧은뜨기 2코 모아뜨기 1]×6회 반복 — 짧은뜨기 3 — 빼뜨기 연결 (총 27코)
3단　　기둥사슬 1 — [짧은뜨기 2, 짧은뜨기 2코 모아뜨기 1]×6회 반복 — 짧은뜨기 3 —
　　　　빼뜨기 연결 후 마무리 (총 21코) ⑬

1단을 뜨개질한 모습

완성한 모습

## HOW TO MAKE 잎사귀 케이프

뜨개질 순서: ⚪ ➡ 🟤 ➡ 🟠

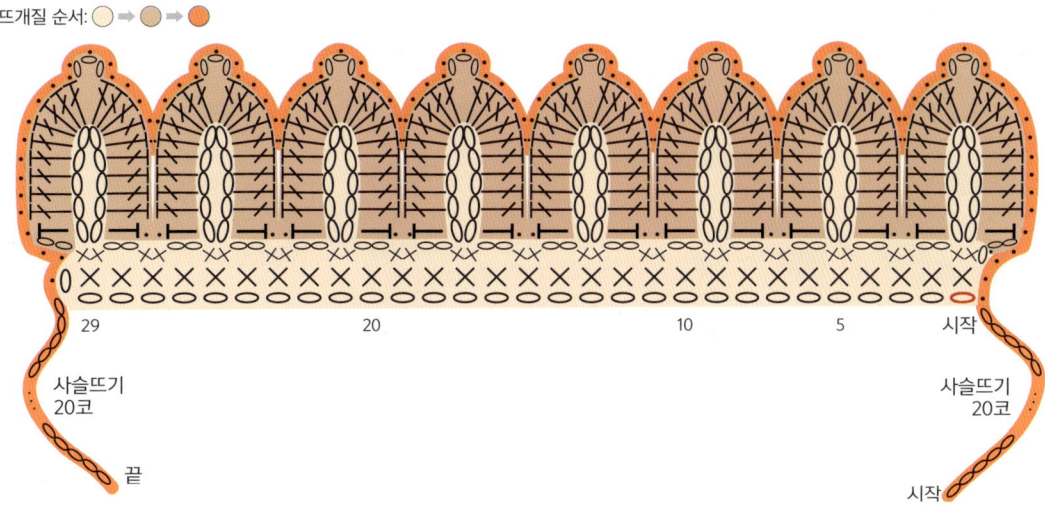

- **1단**     사슬뜨기 29
- **2단**     기둥사슬 1 — 짧은뜨기 29 (총 29코)
- **3단**     기둥사슬 1 — [짧은뜨기 1, 사슬뜨기 10, (같은 자리에)짧은뜨기 1 ❶, 사슬뜨기 2, 한 코 띄우고, **짧은뜨기 2코 늘려뜨기 1** ❷, 사슬뜨기 2, 한 코 띄우고]×7회 반복 — 짧은뜨기 1 — 사슬뜨기 10 — 짧은뜨기 1 ❸
- **4단**     기둥사슬 2 — [(3단의 사슬뜨기 10코 부분에)긴뜨기 1, 한길긴뜨기 9 ❹, 사슬뜨기 3, 한길긴뜨기 9, 긴뜨기 1, (3단의 짧은뜨기 부분에) 빼뜨기 2 ❺]×7회 반복 — 긴뜨기 1 — 한길긴뜨기 9 — 사슬뜨기 3 — 한길긴뜨기 9 — 긴뜨기 1 — 빼뜨기로 마무리 ❻

5단은 사슬뜨기 20코를 먼저 뜨개질하여 끈을 만들고, 잎사귀 케이프의 가장자리를 따라 빼뜨기 (잎사귀와 잎사귀 사이는 다섯 번째 코까지만 빼뜨기하며 연결)합니다 ❼. 그 후에 가장자리를 모두 만들면 ❽, 사슬뜨기 20코를 추가하여 반대쪽 끈을 만들고 마무리합니다 ❾.

사슬뜨기 10코를 만들고 같은 자리에 짧은뜨기를 하나 더 만듭니다.

사슬뜨기 2코를 뜨개질한 후, 한 코 띄우고 짧은뜨기 2코 늘려뜨기

• HOW TO MAKE •

3단을 완성한 모습

4단의 긴뜨기와 한길긴뜨기는 3단의 사슬뜨기부분에 뜨개질합니다.

잎사귀 하나를 완성한 뒤에는 3단의 짧은뜨기 부분에 빼뜨기를 2번 합니다.

4단을 완성한 모습

사슬뜨기 20코로 끈을 만들고 케이프의 끝 부분에 연결합니다.

5단을 뜨개질하는 모습

잎사귀 케이프를 완성한 모습

## HOW TO MAKE 기본 보닛

꽃잎을 달지 않고 기본 보닛으로 사용할 수 있습니다. 꽃잎 도안은 잎사귀 케이프 도안의 잎사귀와 비슷합니다. 해바라기 꽃잎이 아닌 작고 동글동글한 꽃잎을 달고 싶다면 기본 모자 도안의 꽃잎 장식 도안을 적용하여 뜨개질하면 됩니다.  🔗 Link  기본 모자의 둥근 꽃잎 078쪽

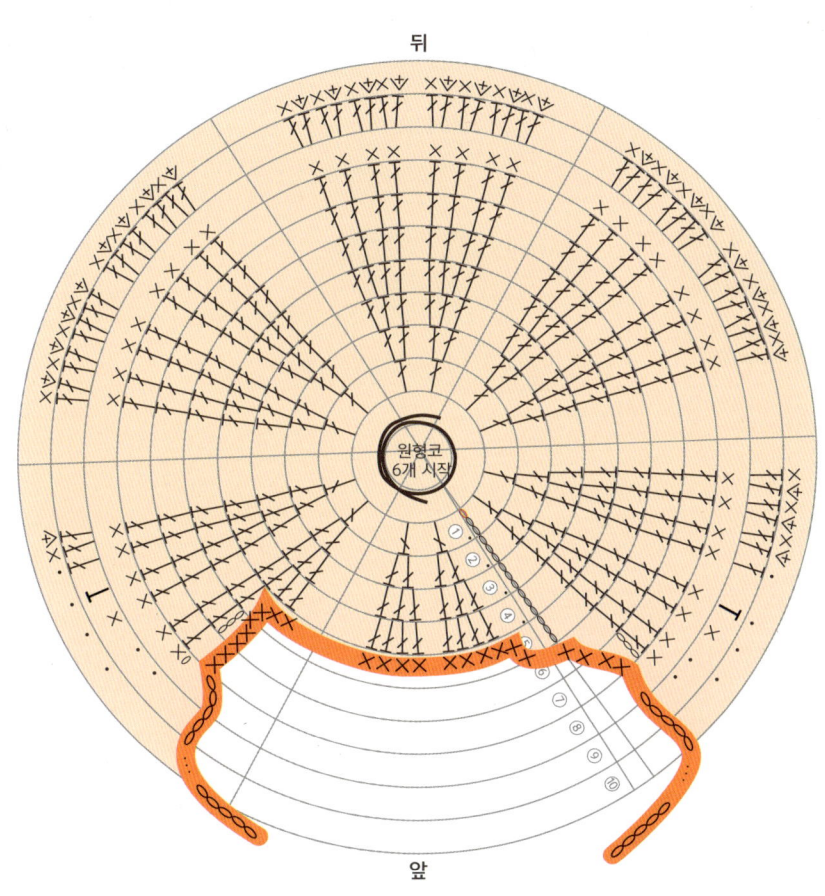

| 1단 | 원형코로 시작 — 기둥사슬 3 — 한길긴뜨기 12 — 빼뜨기로 연결 (총 12코) |
|---|---|
| 2단 | 기둥사슬 3 — 한길긴뜨기 2코 늘려뜨기 12 — 빼뜨기로 연결 (총 24코) |
| 3단 | 기둥사슬 3 — [한길긴뜨기1, 한길긴뜨기 2코 늘려뜨기 1]×12회 반복 — 빼뜨기로 연결 (총 36코) |
| 4단 | 기둥사슬 3 — [한길긴뜨기1, 한길긴뜨기 2코 늘려뜨기 1, 한길긴뜨기 1]×12회 반복 — 빼뜨기로 연결 ❶ (총 48코) |
| 5~7단 | 기둥사슬 3 — 한길긴뜨기 38 ❷ (총 38코) |
| 8단 | 기둥사슬 1 — 짧은뜨기 38(꽃잎을 추가한다면 뒤이랑뜨기로 뜨개질) (총 38코) |
| 9단 | 빼뜨기 2 — 짧은뜨기 1 — 긴뜨기 1 — 한길긴뜨기1 ❸ — 한길긴뜨기 2코 늘려뜨기 28 — 한길긴뜨기1 — 긴뜨기 1 — 짧은뜨기 1 — 빼뜨기 2 ❹ (총 66코) |
| 10단 | 빼뜨기 4 — [짧은뜨기 1, 짧은뜨기 2코 늘려뜨기 1]×28회 반복 — 빼뜨기 4 — 마무리 ❺ (총 92코) |

• HOW TO MAKE •

4단까지 완성한 모습

5단까지 완성한 모습

9단의 시작 부분인 빼기 2, 짧은뜨기 1, 긴뜨기 1, 한길긴뜨기 1을 한 모습

9단까지 완성한 모습

10단까지 완성한 모습

## 🌸 끈 달기

끈은 그림 도안에서 **오렌지색** 부분입니다.

**11단**  사슬뜨기 20 ― (보닛에 연결하여) 짧은뜨기 6 ― (머리통 부분의 가장자리에) 짧은뜨기10 ― (반대쪽 옆면에) 짧은뜨기 6 ― 사슬뜨기 20 ― 마무리

1 사슬뜨기 20코

2 보닛에 연결하기

3 완성한 모습

 옆면에 뜨개질할 때는 콧수가 바뀌기도 합니다. 따라서 짧은뜨기의 콧수는 참고만 한 상태로 작품에 맞게 변형하세요.

## HOW TO MAKE 해바라기 보닛

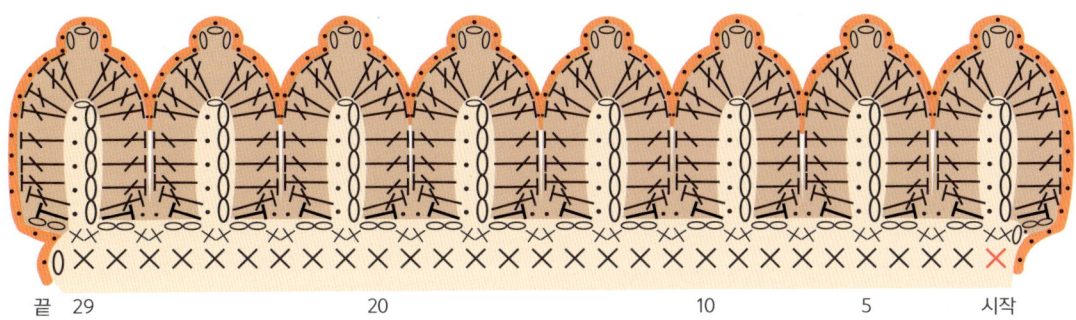

1단은 보닛을 뒤집어서 뒤이랑뜨기를 해두었던 뒷면 오른쪽에서 시작합니다 ❶.

**1단**   기둥사슬 1 − 짧은뜨기 37 (총 37코) ❷

**2단**   기둥사슬 1 − [짧은뜨기 1, 사슬뜨기 6 ❸, 짧은뜨기 6 ❹, 사슬뜨기 2, 한 코 띄우고, 짧은뜨기 2코 늘려뜨기 1, 사슬뜨기 2, 한 코 띄우고]×9회 반복 − 짧은뜨기 1 − 사슬뜨기 6 − 짧은뜨기 6 − 마무리 ❺

꽃잎 시작하는 위치

1단을 뜨개질한 모습

2단을 뜨개질하는 모습

사슬뜨기한 부분에 짧은뜨기합니다.

2단을 완성한 모습

3단은 보닛 앞면 오른쪽에서 시작합니다 ❻.

3단　　기둥사슬 2 − [긴뜨기 1 ❼, 한길 긴뜨기 4, 한길 긴뜨기 2코 늘려뜨기 2, 사슬뜨기 3, 한길긴뜨기 2코 늘려뜨기 2, 한길긴뜨기 4, 긴뜨기 1, (2단의 짧은뜨기 위치에)빼뜨기 2 ❽]×9회 반복 − 긴뜨기 1 − 한길긴뜨기 4 − 한길긴뜨기 2코 늘려뜨기 2 − 사슬뜨기 3 − 한길긴뜨기 2코 늘려뜨기 2 − 한길긴뜨기 4 − 긴뜨기 1 − 빼뜨기로 마무리 ❾

4단은 3단처럼 보닛 앞면 오른쪽에서 시작합니다. ❿ 꽃잎의 가장자리를 따라 한 코에 빼뜨기 한 코씩 만듭니다. 꽃잎과 꽃잎을 연결할 때는 아래쪽에 4코를 남기고 옆의 꽃잎에 빼뜨기로 연결합니다 ⓫ ⓬.

3단 시작하는 위치

기둥코를 만들고 긴뜨기를 합니다.

꽃잎을 만들면 2단의 짧은뜨기 부분에 빼뜨기를 2번 합니다. (잎사귀 케이프와 동일)

3단을 완성한 모습

4단 시작하는 위치

아래쪽에 4코를 남겨두고 옆 꽃잎에 연결하여 빼뜨기합니다.

해바라기 보닛을 완성한 모습

## HOW TO MAKE 귓구멍이 있는 보닛

뜨개질 순서: ○ ➡ ●
● : 귓구멍 표시

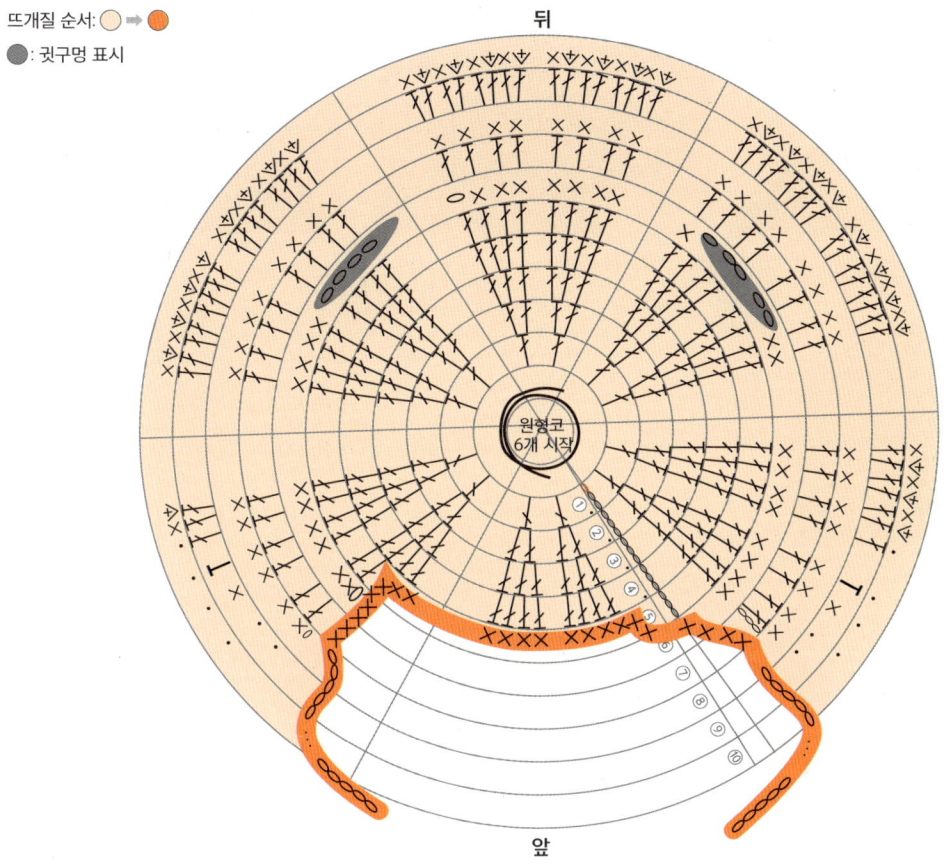

| 1단 | 원형코로 시작 — 기둥사슬 3 — 한길긴뜨기 12 — 빼뜨기로 연결 (총 12코) |
|---|---|
| 2단 | 기둥사슬 3 — 한길긴뜨기 2코 늘려뜨기 12 — 빼뜨기로 연결 (총 24코) |
| 3단 | 기둥사슬 3 — [한길긴뜨기 1, 한길긴뜨기 2코 늘려뜨기 1]×12회 반복 — 빼뜨기로 연결 (총 36코) |
| 4단 | 기둥사슬 3 — [한길긴뜨기 1, 한길긴뜨기 2코 늘려뜨기 1, 한길긴뜨기 1]×12회 반복 — 빼뜨기로 연결 (총 48코) |
| 5단 | 기둥사슬 3 — 한길긴뜨기 38 (총 38코) |
| 6단 | 기둥사슬 1 — 짧은뜨기 10 — 사슬뜨기 5 ❶ — (다섯 코 띄우고)짧은뜨기 8 ❷ — 사슬뜨기 5 ❸ — (다섯 코 띄우고)짧은뜨기 10 ❹ (총 38코) |
| 7단 | 기둥사슬 3 — 한길긴뜨기 38 (총 38코) |
| 8단 | 기둥사슬 1 — 짧은뜨기 38 (꽃잎을 달 때는 뒤이랑뜨기로 뜨개질) (총 38코) |
| 9단 | 빼뜨기 2 — 짧은뜨기 1 — 긴뜨기 1 — 한길긴뜨기1 — 한길긴뜨기 2코 늘려뜨기 28 — 한길긴뜨기1 — 긴뜨기 1 — 짧은뜨기 1 — 빼뜨기 2 (총 66코) |
| 10단 | 빼뜨기 4 — [짧은뜨기 1, 짧은뜨기 2코 늘려뜨기 1]×28회 반복 — 빼뜨기 4 — 마무리 (총 92코) |

• HOW TO MAKE •

사슬뜨기 5

다섯 코 띄우고 짧은뜨기 8

사슬뜨기 5

다섯 코 띄우고 짧은뜨기 10

## 🌸 끈 달기

**11단**   사슬뜨기 20 — (보닛에 연결하여 옆면에)짧은뜨기 6 — (머리통 부분의 가장자리에)짧은뜨기 10 — (다시 반대쪽 옆면에)짧은뜨기 6 — (끈 장식인)사슬뜨기 20 후 마무리

### 〰 LEVEL UP

꽃잎을 추가해서 데이지 보닛을 만들거나, 다른 종류의 실을 사용하여 반짝이는 보닛을 만들어 보세요.

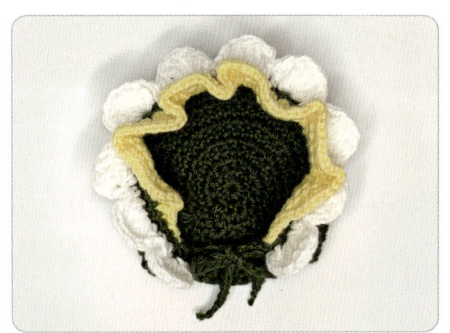

🔗 Link   꽃잎 모자 078쪽

# BASIC 01 대바늘 뜨개 재료

## 대바늘 이해하기

대바늘은 뜨개 방식에 따라 다양한 모양이 있습니다. 왕복으로 뜰 때 사용하는 2개짜리 한쪽 막힘 바늘, 원형으로 뜨거나 양말을 뜨개질할 때 편리한 4개짜리 양면바늘(양쪽이 모두 뾰족함), 왕복뜨기가 편리한 줄바늘(둘레바늘) 등이 있습니다. 우선은 이 책에서 원통뜨기를 할 때 사용하는 4개짜리 양면바늘을 준비하고 다음으로 넘어갑시다.

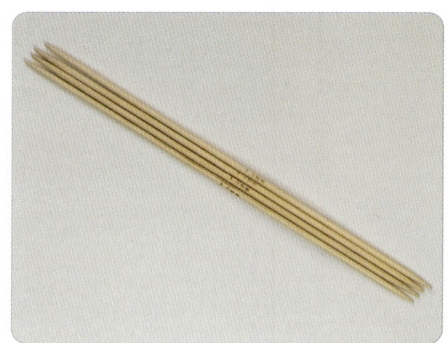 

| 대바늘 사이즈 (International) | 한국/일본 | 미국/영국 |
|---|---|---|
| 3.0mm | 3.0/3 | 해당 사이즈 없음 (미국) <br> 3.0/11 (영국) |

## 대바늘 게이지 계산하기

게이지(Gauge)란, 뜨개질을 시작하기 전에 알아야 하는 사이즈 가이드입니다. 뜨개질은 만드는 사람의 손아귀 힘에 따라 같은 바늘과 실을 사용하여 동일한 콧수와 단수로 작품을 만들어도, 완성된 작품의 크기가 도안의 예시보다 커지기도 하고 조금 작아지기도 합니다.

뜨개 초보자는 실을 구입할 때 제조업체에서 작성한 게이지를 확인하고 책에서 설명하는 게이지와 비슷한 실을 구입하세요. 콧수와 단수의 차이가 5개 이내라면 사이즈 오차를 지나치게 걱정하지 않아도 괜찮습니다.

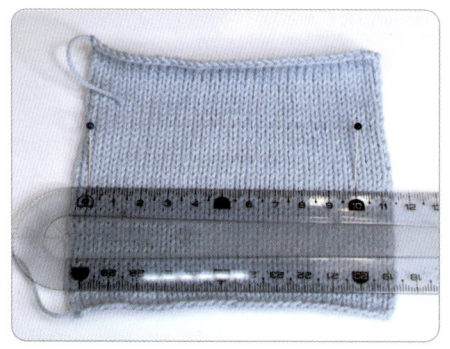 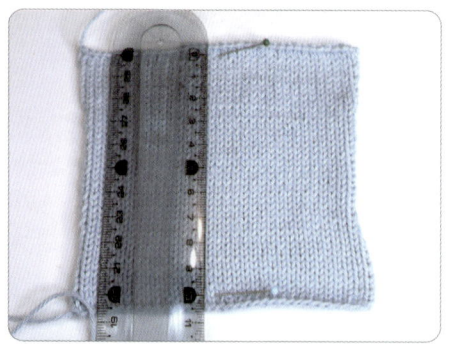

대바늘 3.0mm로 가로세로 10cm 이상의 직물을 뜨개질 합니다. 가로 10cm 길이에 포함된 콧수를 셉니다(저는 28 코가 나옵니다).

이번엔 세로10cm 길이에 포함된 단수를 세어봅니다(저는 38단이 나옵니다).

 게이지를 계산할 때는 가로세로 길이가 10cm 이상이 되도록 넉넉하게 뜨개질 하고, 뜨개질을 마무리하면 쭉쭉 펼쳐서 다림질을 합니다.

> **Note** **도안의 게이지를 활용하는 법**
>
> **1. 작품이 인형한테 작을 것 같아요.**
>
> 손에 힘을 조금 풀고 느슨하게 뜨개질해 보세요. 만약 느슨하게 뜨개질을 해도 작을 것 같다면 바늘과 실의 사이즈를 늘려 보세요. 혹은 콧수와 단수를 늘려 보세요.
>
> **2. 작품이 인형한테 클 것 같아요.**
>
> 손에 힘을 더 주면서 촘촘하게 뜨개질해 보세요. 만약 촘촘하게 뜨개질을 해도 너무 크다면 바늘과 실의 사이즈를 줄여 보세요. 혹은 콧수와 단수를 줄여 보세요.

## BASIC 02 기초 대바늘 기법

### 🔘 코 만들기

대바늘 뜨개의 코 만들기는 실을 반으로 접어 2가닥으로 진행합니다. 따라서 코를 만들 실 길이의 2배 이상으로 실을 충분히 꺼낸 뒤, 가운데 부분을 잡고 시작합니다.

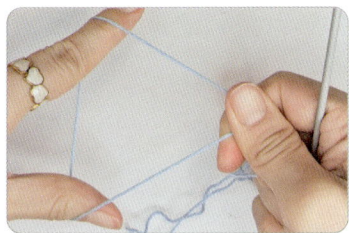
1 왼쪽 엄지와 검지에 실을 걸고 오른손으로 두 가닥을 한꺼번에 쥡니다.

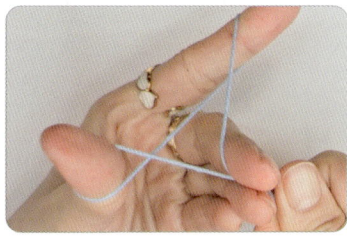
2 왼쪽 두 손가락을 뒤집어 사진과 같은 모양을 만듭니다.

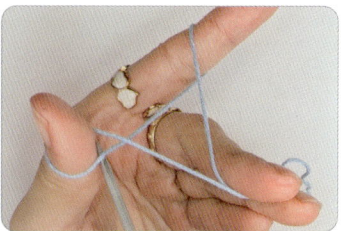
3 오른손에 바늘을 쥐고 실이 걸린 엄지 쪽에 바늘을 넣고

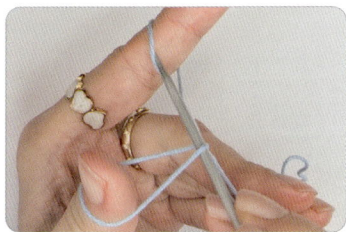
4 검지에 걸린 실을 바늘로 끌어내서

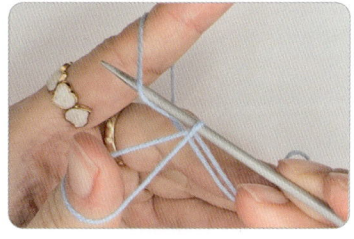
5 엄지에 걸린 실 안쪽으로

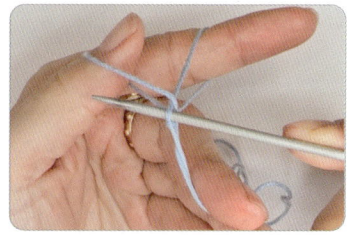
6 끄집어 냅니다.

7 왼손에 걸린 두 가닥의 실을 풀고, 바늘의 실을 양쪽으로 잡아당겨 첫 코를 완성합니다.

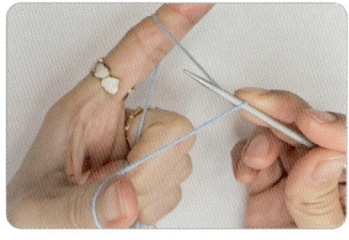
8 이어서 다시 실을 왼손 엄지와 검지에 걸고

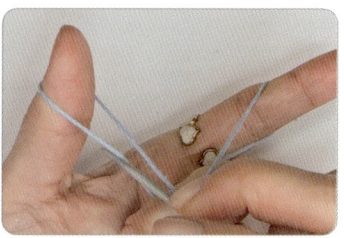
9 처음과 똑같이 엄지에 걸린 실에 바늘을 넣어

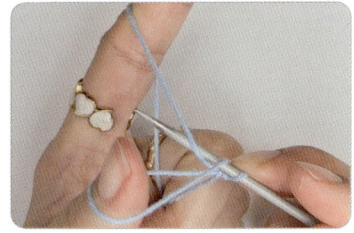
10 검지에 걸린 실을 바늘로 당겨 엄지에 걸린 실 안쪽으로 끄집어 냅니다.

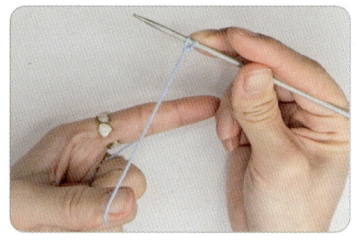
11 다시 왼손에 걸린 실을 풀고 당겨서 두 번째 코를 만듭니다.

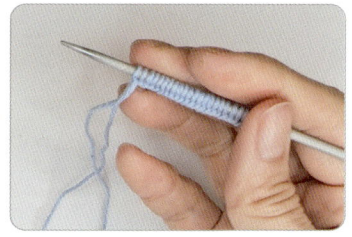
12 반복하여 대바늘에 기초코를 만든 모습

## 겉뜨기

겉뜨기(Knit: k)는 대바늘 뜨기의 기초적인 방법입니다. 실을 직물의 뒤쪽에 두고, 바늘을 코의 앞에서 뒤로 끼워 넣어 실을 걸고 앞쪽으로 끄집어 내는 방식입니다. 겉뜨기를 만들면 세로 줄무늬 모양이 만들어집니다.

1 실을 뒤쪽에 두고, 오른쪽 바늘을 코의 앞에서 뒤쪽으로 찌릅니다.

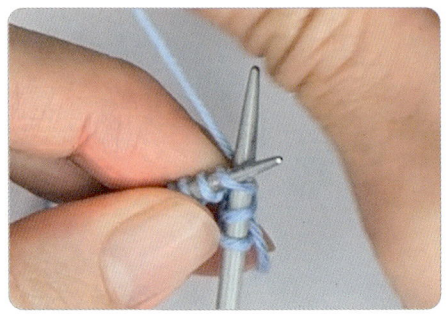

2 실을 오른쪽 바늘의 뒤에서 앞으로 돌려

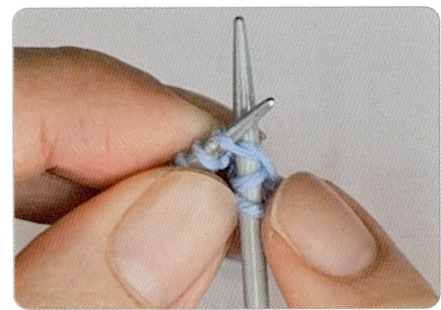

3 사진과 같은 모양으로 걸어서 감싸고

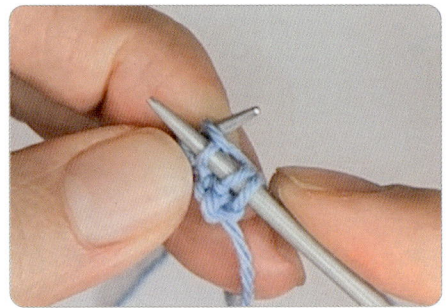

4 바늘을 앞으로 끄집어 냅니다.

5 왼쪽 바늘에 걸린 코 1개를 빼냅니다.

6 겉뜨기를 한 모습

## 안뜨기 — (보통 기호 생략)

안뜨기(Purl: p)는 대바늘 뜨기의 기초적인 방법입니다. 실을 직물의 앞에 두고, 바늘을 코의 뒤에서 앞으로 끼워 넣어 실을 걸고 뒤쪽으로 끄집어 냅니다. 안뜨기를 하면 가로 줄무늬와 같은 모양으로, 다소 튀어나온 느낌의 모양이 만들어집니다.

1 실을 앞쪽에 두고, 사진처럼 바늘을 오른쪽에서 왼쪽으로 찔러 넣습니다.

2 실을 오른쪽 바늘의 뒤에서 앞으로 돌려 사진과 같은 모양으로 걸어서 감싸고

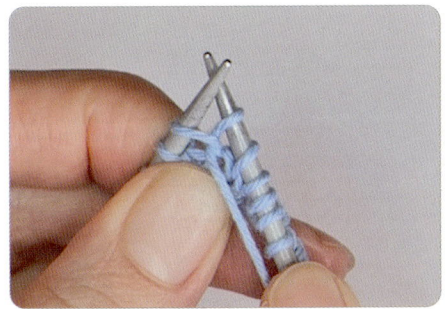

3 바늘을 뒤로 끄집어 냅니다.

4 왼쪽 바늘에서 코 1개를 빼냅니다.

5 안뜨기를 한 모습

## 🔘 메리야스뜨기

메리야스뜨기(Stocking Stitch: st st, ss)는 겉뜨기 모양만 드러나도록 뜨개질하는 방법입니다. 단이 바뀔 때마다 겉뜨기와 안뜨기를 번갈아 뜨개질합니다. 예를 들어, 첫 번째 단이 겉뜨기라면 두 번째 단을 안뜨기로 뜨개질합니다.

 원통뜨기를 할 때에는 겉뜨기만 합니다. 원통뜨기는 직물을 뒤집지 않기 때문에 계속 겉뜨기만 해도 메리야스무늬가 만들어지기 때문입니다.

> **Note** 메리야스뜨기를 할 때 코 잡기 다음 순서는 안뜨기
>
> 코 잡기를 하고 바로 메리야스뜨기를 시작하려면 안뜨기로 시작하면 됩니다. 코 잡기를 하면 코에 걸린 모양이 겉뜨기를 한 것처럼 나오기 때문입니다.

## 🔘 고무뜨기

고무뜨기(Rib Stitch: rib)는 겉뜨기와 안뜨기를 한 코씩 번갈아 뜨는 방법입니다. 이렇게 하면 직물의 앞면과 뒷면이 똑같은 형태가 됩니다. 겉뜨기 부분은 앞으로 튀어나오고 안뜨기 부분은 안쪽으로 들어갑니다. 따라서 같은 콧수를 뜨개질해도 메리야스뜨기보다 고무뜨기는 가로 길이가 짧게 보입니다. 신축성이 뛰어나기 때문에, 손으로 잡아당기면 늘어납니다.

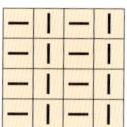

> **Note** 방금 뜬 코가 뭐였는지 헷갈릴 때
>
> 고무뜨기를 하다가 지금 뜬 코가 겉뜨기인지 안뜨기인지 헷갈릴 때가 있습니다. 이럴 때는 방금 뜬 코를 기준으로 아래쪽을 확인합니다. 일(一)자 모양이 안뜨기며, V자 모양이 겉뜨기입니다.

## 코막기

코막기(Cast Off)는 첫 번째 코를 두 번째 코에 덧씌워 마무리하는 방법입니다. 코막기를 한 후에 실을 자르고 마지막에 남은 코에 집어넣고 잡아당겨서 끝냅니다. 코막기는 만약 겉뜨기로 뜨개질하고 있었다면 겉뜨기로, 안뜨기는 안뜨기로, 고무뜨기는 겉뜨기와 안뜨기를 번갈아 뜬 후에 정리하면 됩니다.

> **Tip** 영상은 겉뜨기와 고무뜨기의 코막기 방법을 소개합니다.

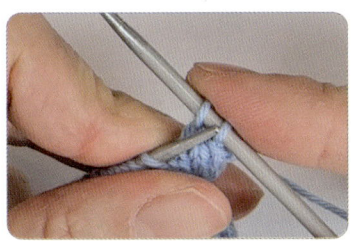

**1** 오른쪽 바늘에 2코를 뜨개질합니다(예시는 겉뜨기입니다).

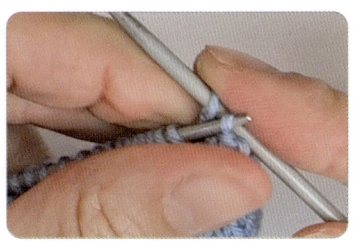

**2** 왼손에 쥔 바늘을 첫 번째 코에 찔러 넣고

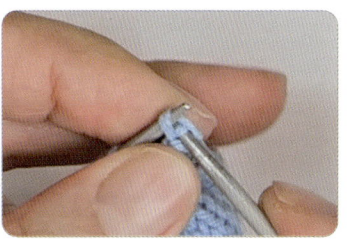

**3** 두 번째 코의 위쪽으로

**4** 사진과 같이 끄집어 냅니다.

**5** 왼쪽 바늘이 자연스럽게 빠지며 1코가 남았습니다.

**6** 코막기를 할 때는 오른쪽 바늘에 코가 항상 하나씩 있습니다.

## 🌸 겉뜨기 왼코 줄이기 ⋀

겉뜨기 왼코 줄이기(K2tog)는 코를 줄이는 방법입니다. 왼쪽에 있는 코 2개를 한꺼번에 바늘에 끼워 뜨개질합니다.

1 왼쪽에 있는 코 2개에 한꺼번에 바늘을 끼웁니다.

2 바늘에 실을 걸어 겉뜨기로 뜨개질합니다.

3 코 줄이기를 완성한 모습.

## 🌸 겉뜨기 오른코 줄이기 ⋋

겉뜨기 오른코 줄이기(Ssk)는 코를 줄이는 방법입니다. 왼쪽에 있는 코 2개를 오른쪽 바늘로 한 번 옮겼다가 다시 왼쪽으로 옮겨 한꺼번에 뜨개질합니다.

1 모아서 뜨개질할, 왼쪽에 있는 코 2개를 오른쪽 바늘로 옮깁니다.

2 왼쪽 바늘을 오른쪽 바늘에 걸린 코 2개에 위 사진과 같이 끼우고, 겉뜨기 하듯 실을 오른쪽 바늘에 걸어 뜨개질합니다.

3 오른쪽 바늘에 건 실을 앞으로 끄집어 냅니다.

4 겉뜨기 오른코 줄이기를 완성한 모습

 **Tip** 겉뜨기 왼코 줄이기(K2tog)와 겉뜨기 오른코 줄이기(Ssk)는 모두 겉뜨기를 통해 코를 줄이는 방법이라 같은 방법이라 생각하실 수 있습니다. 바늘을 어떤 방향으로 넣느냐에 따라 모양이 다르게 나오기 때문에 구분하는 편이 좋습니다.

##  안뜨기 2코 모아뜨기

안뜨기 2코 모아뜨기(P2tog)는 안뜨기에서 왼쪽으로 코를 모아뜨기하며 코를 줄이는 방법입니다. 왼쪽에 있는 2코에 한꺼번에 바늘을 끼워 넣어 안뜨기로 뜨개질하여 콧수를 줄입니다.

1 왼쪽에 있는 코 2개에 사진과 같은 방법으로 바늘을 끼워

2 안뜨기로

3 뜨개질합니다.

4 왼쪽으로 모아뜨기를 완성한 모습

## BASIC 03 대바늘 그림 도안을 보는 법

대바늘 도안은 앞면으로 봤을 때를 기준으로 그려져 있습니다. 원통뜨기를 할 때에는 그림 도안만 보면서 따라 해도 되지만 펼쳐뜨기를 할 때에는 앞면으로 뜨개질하고 있는지, 뒤집어서 뜨개질하고 있는지 잘 확인해야 합니다. 예를 들어, 앞면이 겉뜨기로 이루어져 있는 경우, 뒤집어서 뜰 때는 안뜨기로 뜨개질해야 가지런한 메리야스 무늬가 나옵니다. 만약 펼쳐뜨기를 한다면, 그림 도안에 겉뜨기로 표시되어 있더라도 뒤집어서 뜰 때에는 안뜨기로 뜨개질합니다.

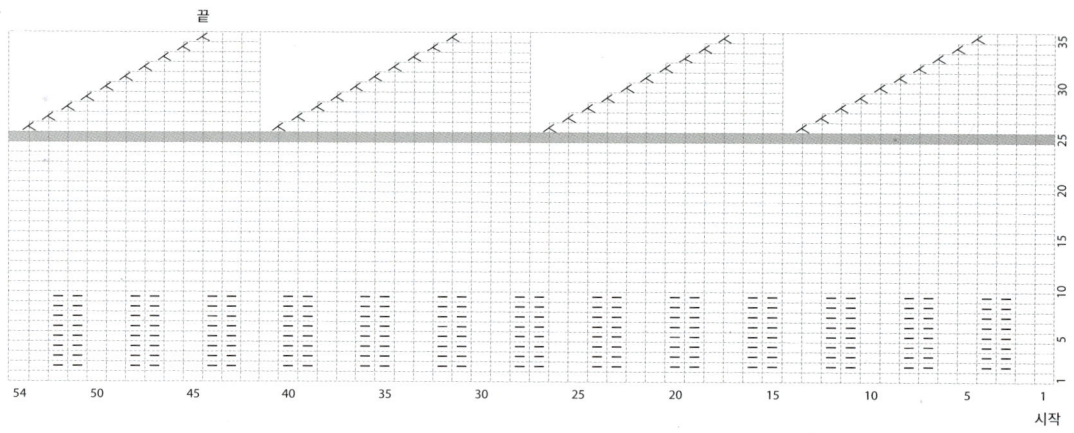

## LESSON 01

# 사각 비니

대바늘로 쉽게 뜨개질하여 만들 수 있는 사각 비니 도안을 소개합니다.
겉뜨기와 안뜨기만 할 줄 안다면 얼마든지 만들 수 있어요.
다양한 색상의 실과 다른 종류의 실을 사용해 나만의 모자를 만들어 보세요!

### READY

**실:** 면 50g (약 160m) 2.5~3.0mm 바늘용
**게이지:** 28코×38단 (2.5~3.0mm 바늘, 10×10cm 메리야스 무늬)
**바늘:** 대바늘 3.0mm (3/0호)
**인형 사이즈:** 10cm 인형 (머리 둘레 19~21cm)

## HOW TO MAKE 사각 비니

1단　　코 만들기 54 ❶
2~35단　[겉뜨기 1, 안뜨기 1]×27회 반복 (총 54코) ❷❸

**마무리 후 꿰매어 모자 완성 ❹❺❻❼**

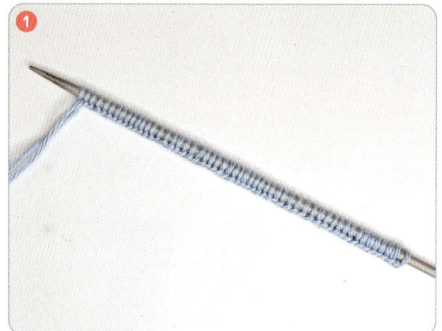
54코를 만듭니다.

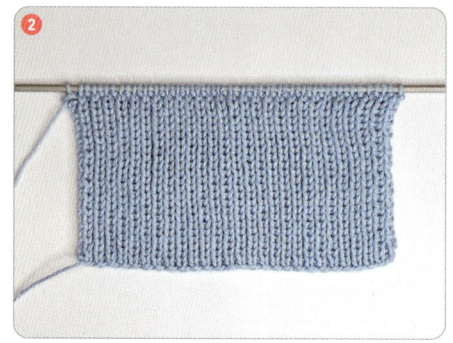
겉뜨기와 안뜨기를 번갈아 뜨개질하여 고무뜨기 모양을 만듭니다.

35단까지 뜬 뒤, 실을 넉넉하게 남기고 자릅니다.

남긴 실로 직물의 양쪽 끝을 연결하고 꿰매어 세로 줄무늬 모양의 원통을 만듭니다.

모자의 윗부분을 꿰매어 머리통 부분을 만듭니다.

사각 비니를 완성한 모습

• HOW TO MAKE •

모자의 가운데 부분을 눌러서 고양이 귀 모양이 되도록 정리해 줍니다. 보통은 인형의 머리에 씌우면 자연스럽게 끝부분이 삐죽 튀어나오면서 고양이 귀처럼 모양이 잡힙니다.

> **Note** **모자의 앞뒤를 정하는 방법**
>
> 35단까지 만들고 비니 모양으로 모자를 접을 때 위의 ❹ 과정에서 가장자리를 연결한 부분이 눈에 보인다면, 그 부분이 가운데로 오도록 접어야 합니다. 그렇지 않으면 모자의 옆면에 직물을 연결한 선이 보일 수 있습니다.
>
>

201

겉뜨기와 안뜨기를 적절히 배치하여 무늬가 있는 모자를 만들 수 있습니다. 아래 사진의 모자는 흰색과 검은색을 적절히 배치하여 줄무늬를 만드는 동시에, 뜨개질 방법을 바꾸며 울퉁불퉁한 무늬도 만들어 보았습니다. 겉뜨기로만 뜨개질하기, 안뜨기로만 뜨개질하기, 겉뜨기 2코와 안뜨기 2코를 반복하여 뜨개질하기, 겉뜨기 2단과 안뜨기 2단을 반복하여 뜨개질하기 등 다양한 방법을 시도해 보세요. 여러분의 상상력이 새로운 무늬를 만들 수 있답니다.

수면사로 뜨개질해 보세요. 복실복실한 캔디 모자를 만들 수 있습니다!

> **Tip** 수면사와 같이 털이 있는 실을 사용하여 뜨개질할 때는 대바늘로 뜨개질하는 것이 좋습니다. 코바늘로도 뜨개질할 수 있지만 코가 눈에 보이지 않아 대충 짐작하며 뜨개질하게 됩니다. 수면사로 뜨개질할 때에는 코를 구분할 수 있는 대바늘 뜨기 방법이 더 편리합니다.

## LESSON 02

# 기본 비니

뜨개 모자의 기본 중의 기본, 비니를 만들어 봅시다.
독특한 실을 사용하거나 장식을 달아 내 인형만을 위한 비니를 만들어 보세요.
인내심을 가지고 한땀 한땀 만들면 다양하게 활용할 수 있는 비니가 완성됩니다.

### • READY •

**실:** 면 50g (약 160m) 2.5~3.0mm 바늘용
**게이지:** 28코×38단 (2.5~3.0mm 바늘, 10×10cm 메리야스 무늬)
**바늘:** 대바늘 3.0mm (3/0호)
**인형 사이즈:** 10cm 인형 (머리 둘레 19~21cm)

# HOW TO MAKE 앞뒤가 똑같은 비니(ver. 고무뜨기)

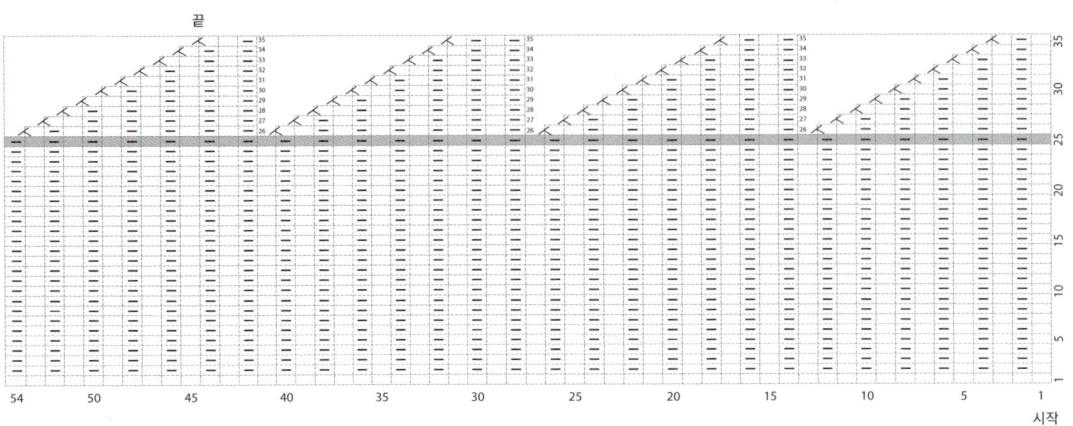

## 🌸 원통뜨기로 시작하기

 **Tip** 원통뜨기는 양면바늘로 3등분하는 방법이 많이 알려져 있고 저도 이 방법을 사용합니다. 그런데 최근에는 줄바늘을 활용하거나 짧은 케이블을 활용하는 방법 등 다양한 응용법이 소개되고 있습니다. 뜨개 초보라면 유튜브에서 '원통뜨기' 또는 '원형뜨기'를 검색해서 가진 도구를 활용하여 충분히 연습하고 작품을 만들어 보세요.

### 모자의 아랫부분

1단은 54코를 만듭니다. 그 후에 콧수를 3등분(18코)하여 옮겨둔 상태로 2단을 시작합니다 ❶.

| 1단 | 코 만들기 54 (총 54코) |
|---|---|
| 2~25단 | [겉뜨기 1, 안뜨기 1]×27회 반복 (총 54코) ❷ |

1단을 완성한 모습

25단까지 완성한 모습

> **Note**  양면바늘 원통뜨기에서 경계에 있는 코가 느슨해진다면?

양면바늘로 원통뜨기를 할 때 바늘이 바뀌는 지점에서는 실을 쭉쭉 잡아당겨 뜨개질해야 늘어지는 부분 없이 뜨개질할 수 있습니다.

❶ 실을 충분히 잡아당기지 않으면 바늘이 바뀌는 부분이 늘어집니다.
❷ 실을 잘 당기면서 뜨개질을 하면 바늘이 바뀌는 부분이 티 나지 않습니다.
❸ 바늘이 바뀔 때 실을 꽉 잡아당기는 것이 중요합니다.
❹ 특히 바늘이 바뀌고 첫 번째 코를 뜨개질할 때 유의하세요.

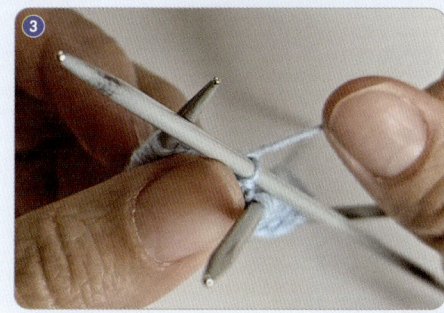

## 정수리 부분

**26단**  [겉뜨기 1, 안뜨기 1]×5회 반복 — 겉뜨기 1 — 겉뜨기 왼코 줄이기 1 —
[안뜨기 1, 겉뜨기 1]×6회 반복 — 겉뜨기 왼코 줄이기 1 —
[안뜨기 1, 겉뜨기 1]×6회 반복 — 겉뜨기 왼코 줄이기 1 —
[안뜨기 1, 겉뜨기 1]×5회 반복 — 안뜨기 1 — 겉뜨기 왼코 줄이기 1 (총 50코)

**27단**  [겉뜨기 1, 안뜨기 1]×5회 반복 — 겉뜨기 왼코 줄이기 1 —
[안뜨기 1, 겉뜨기 1]×5회 반복 — 안뜨기 1 — 겉뜨기 왼코 줄이기 1 —
[안뜨기 1, 겉뜨기 1]×5회 반복 — 안뜨기 1 — 겉뜨기 왼코 줄이기 1 —
[안뜨기 1, 겉뜨기 1]×5회 반복 — 겉뜨기 왼코 줄이기 1 (총 46코)

**28단**  [겉뜨기 1, 안뜨기 1]×4회 반복 — 겉뜨기 1 — 겉뜨기 왼코 줄이기 1 —
[안뜨기 1, 겉뜨기 1]×5회 반복 — 겉뜨기 왼코 줄이기 1 —
[안뜨기 1, 겉뜨기 1]×5회 반복 — 겉뜨기 왼코 줄이기 1 —
[안뜨기 1, 겉뜨기 1]×4회 반복 — 안뜨기 1 — 겉뜨기 왼코 줄이기 1 (총 42코)

**29단**  [겉뜨기 1, 안뜨기 1]×4회 반복 — 겉뜨기 왼코 줄이기 1 —
[안뜨기 1, 겉뜨기 1]×4회 반복 — 안뜨기 1 — 겉뜨기 왼코 줄이기 1 —
[안뜨기 1, 겉뜨기 1]×4회 반복 — 안뜨기 1 — 겉뜨기 왼코 줄이기 1 —
[안뜨기 1, 겉뜨기 1]×4회 반복 — 겉뜨기 왼코 줄이기 1 (총 38코)

**30단**  [겉뜨기 1, 안뜨기 1]×3회 반복 — 겉뜨기 1 — 겉뜨기 왼코 줄이기 1 —
[안뜨기 1, 겉뜨기 1]×4회 반복 — 겉뜨기 왼코 줄이기 1 —
[안뜨기 1, 겉뜨기 1]×4회 반복 — 겉뜨기 왼코 줄이기 1 —
[안뜨기 1, 겉뜨기 1]×3회 반복 — 안뜨기 1 — 겉뜨기 왼코 줄이기 1 (총 34코)

**31단**  [겉뜨기 1, 안뜨기 1]×3회 반복 — 겉뜨기 왼코 줄이기 1 —
[안뜨기 1, 겉뜨기 1]×3회 반복 — 안뜨기 1 — 겉뜨기 왼코 줄이기 1 —
[안뜨기 1, 겉뜨기 1]×3회 반복 — 안뜨기 1 — 겉뜨기 왼코 줄이기 1 —
[안뜨기 1, 겉뜨기 1]×3회 반복 — 겉뜨기 왼코 줄이기 1 (총 30코)

**32단**  [겉뜨기 1, 안뜨기 1]×2회 반복 — 겉뜨기 1 — 겉뜨기 왼코 줄이기 1 —
[안뜨기 1, 겉뜨기 1]×3회 반복 — 겉뜨기 왼코 줄이기 1 —
[안뜨기 1, 겉뜨기 1]×3회 반복 — 겉뜨기 왼코 줄이기 1 —
[안뜨기 1, 겉뜨기 1]×2회 반복 — 안뜨기 1 — 겉뜨기 왼코 줄이기 1 (총 26코)

**33단**  [겉뜨기 1, 안뜨기 1]×2회 반복 — 겉뜨기 왼코 줄이기 1 —
[안뜨기 1, 겉뜨기 1]×2회 반복 — 안뜨기 1 — 겉뜨기 왼코 줄이기 1 —
[안뜨기 1, 겉뜨기 1]×2회 반복 — 안뜨기 1 — 겉뜨기 왼코 줄이기 1 —
[안뜨기 1, 겉뜨기 1]×2회 반복 — 겉뜨기 왼코 줄이기 1 (총 22코)

**34단**  겉뜨기 1 — 안뜨기 1 — 겉뜨기 1 — 겉뜨기 왼코 줄이기 1 — [안뜨기 1, 겉뜨기 1]×2회 반복 —
겉뜨기 왼코 줄이기 1 — [안뜨기 1, 겉뜨기 1]×2회 반복 — 겉뜨기 왼코 줄이기 1 — 안뜨기 1 —
겉뜨기 1 — 안뜨기 1 — 겉뜨기 왼코 줄이기 1 (총 18코)

**35단**   겉뜨기 1 – 안뜨기 1 – 겉뜨기 왼코 줄이기 1 – 안뜨기 1 – 겉뜨기 1 – 안뜨기 1 – 겉뜨기 왼코 줄이기 1 – 안뜨기 1 – 겉뜨기 1 – 안뜨기 1 – 겉뜨기 왼코 줄이기 1 – 안뜨기 1 – 겉뜨기 1 – 겉뜨기 왼코 줄이기 1 (총 14코)

실을 적당량 남긴 후 가위로 자릅니다. 코바늘을 이용하여 잘라놓은 실을 남은 코에 넣어서 코를 막고❸ 실을 잡아당겨 구멍을 막아서❹ 마무리합니다❺.

실을 적당히 남기고 잘라서 코바늘로 코를 막고

실을 잡아당겨

마무리합니다.

## 🏵 펼쳐뜨기로 시작하기

**모자의 아랫부분**

고무뜨기로 기본 비니 만들기를 시작합니다. 1단부터 25단까지는 원통뜨기를 하거나 펼쳐뜨기를 하거나 만든 모양이 똑같습니다.

1단　　　코 만들기 54 ❶

2~25단　[겉뜨기 1, 안뜨기 1]×27회 반복 (총 54코) ❷

**정수리 부분**

26단부터 펼쳐뜨기로 정수리 부분을 만드는 방법입니다.

26단　　[겉뜨기 1, 안뜨기 1]×5회 반복 — 겉뜨기 1 — 겉뜨기 왼코 줄이기 1 —
　　　　[안뜨기 1, 겉뜨기 1]×6회 반복 — 겉뜨기 왼코 줄이기 1 —
　　　　[안뜨기 1, 겉뜨기 1]×6회 반복 — 겉뜨기 왼코 줄이기 1 —
　　　　[안뜨기 1, 겉뜨기 1]×5회 반복 — 안뜨기 1 — 겉뜨기 왼코 줄이기 1 (총 50코)

27단　　안뜨기 왼코 줄이기 1 —
　　　　[안뜨기 1, 겉뜨기 1]×5회 반복 — 안뜨기 왼코 줄이기 1 —
　　　　[겉뜨기 1, 안뜨기 1]×5회 반복 — 겉뜨기 1 — 안뜨기 왼코 줄이기 1 —
　　　　[겉뜨기 1, 안뜨기 1]×5회 반복 — 겉뜨기 1 — 안뜨기 왼코 줄이기 1 —
　　　　[겉뜨기 1, 안뜨기 1]×5회 반복 (총 46코)

28단　　[겉뜨기 1, 안뜨기 1]×4회 반복 — 겉뜨기 1 — 겉뜨기 왼코 줄이기 1 —
　　　　[안뜨기 1, 겉뜨기 1]×5회 반복 — 겉뜨기 왼코 줄이기 1 —
　　　　[안뜨기 1, 겉뜨기 1]×5회 반복 — 겉뜨기 왼코 줄이기 1 —
　　　　[안뜨기 1, 겉뜨기 1]×4회 반복 — 안뜨기 1 — 겉뜨기 왼코 줄이기 1 (총 42코)

29단　　안뜨기 왼코 줄이기 1 —
　　　　[안뜨기 1, 겉뜨기 1]×4회 반복 — 안뜨기 왼코 줄이기 1 —
　　　　[겉뜨기 1, 안뜨기 1]×4회 반복 — 겉뜨기 1 — 안뜨기 왼코 줄이기 1 —
　　　　[겉뜨기 1, 안뜨기 1]×4회 반복 — 겉뜨기 1 — 안뜨기 왼코 줄이기 1 —
　　　　[겉뜨기 1, 안뜨기 1]×4회 반복 (총 38코)

30단　　[겉뜨기 1, 안뜨기 1]×3회 반복 — 겉뜨기 1 — 겉뜨기 왼코 줄이기 1 —
　　　　[안뜨기 1, 겉뜨기 1]×4회 반복 — 겉뜨기 왼코 줄이기 1 —
　　　　[안뜨기 1, 겉뜨기 1]×4회 반복 — 겉뜨기 왼코 줄이기 1 —
　　　　[안뜨기 1, 겉뜨기 1]×3회 반복 — 안뜨기 1 — 겉뜨기 왼코 줄이기 1 (총 34코)

**31단** 안뜨기 왼코 줄이기 1 —
[안뜨기 1, 겉뜨기 1]×3회 반복 — 안뜨기 왼코 줄이기 1 —
[겉뜨기 1, 안뜨기 1]×3회 반복 — 겉뜨기 1 — 안뜨기 왼코 줄이기 1 —
[겉뜨기 1, 안뜨기 1]×3회 반복 — 겉뜨기 1 — 안뜨기 왼코 줄이기 1 —
[겉뜨기 1, 안뜨기 1]×3회 반복 (총 30코)

**32단** [겉뜨기 1, 안뜨기 1]×2회 반복 — 겉뜨기 1 — 겉뜨기 왼코 줄이기 1 —
[안뜨기 1, 겉뜨기 1]×3회 반복 — 겉뜨기 왼코 줄이기 1 —
[안뜨기 1, 겉뜨기 1]×3회 반복 — 겉뜨기 왼코 줄이기 1 —
[안뜨기 1, 겉뜨기 1]×2회 반복 — 안뜨기 1 — 겉뜨기 왼코 줄이기 1 (총 26코)

**33단** 안뜨기 왼코 줄이기 1 —
[안뜨기 1, 겉뜨기 1]×2회 반복 — 안뜨기 왼코 줄이기 1 —
[겉뜨기 1, 안뜨기 1]×2회 반복 — 겉뜨기 1 — 안뜨기 왼코 줄이기 1 —
[겉뜨기 1, 안뜨기 1]×2회 반복 — 겉뜨기 1 — 안뜨기 왼코 줄이기 1 —
[겉뜨기 1, 안뜨기 1]×2회 반복 (총 22코)

**34단** 겉뜨기 1 — 안뜨기 1 — 겉뜨기 1 — 겉뜨기 왼코 줄이기 1 — [안뜨기 1, 겉뜨기 1]×2회 반복 —
겉뜨기 왼코 줄이기 1 — [안뜨기 1, 겉뜨기 1]×2회 반복 — 겉뜨기 왼코 줄이기 1 — 안뜨기 1 —
겉뜨기 1 — 안뜨기 1 — 겉뜨기 왼코 줄이기 1 (총 18코)

**35단** 안뜨기 왼코 줄이기 1 — 안뜨기 1 — 겉뜨기 1 — 안뜨기 왼코 줄이기 1 — 겉뜨기 1 — 안뜨기 1 —
겉뜨기 1 — 안뜨기 왼코 줄이기 1 — 겉뜨기 1 — 안뜨기 1 — 겉뜨기 1 — 안뜨기 왼코 줄이기 1 —
겉뜨기 1 — 안뜨기 1 (총 14코)

남아 있는 코에 실을 넣고 잡아당긴 후 옆면을 꿰매 마무리합니다 ❸.

완성한 모습

# HOW TO MAKE 헤드밴드가 있는 비니(ver. 메리야스뜨기)

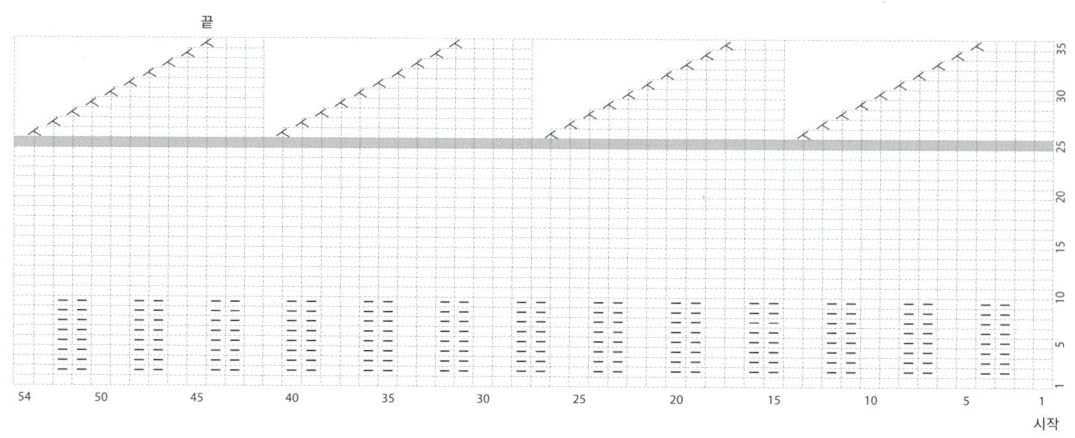

## 🌼 원통뜨기로 시작하기

| | |
|---|---|
| 1단 | 54 코를 만들고 콧수를 3등분하고 원통뜨기로 시작합니다. |
| 2~9단 | [겉뜨기 2, 안뜨기 2]×13회 반복 — 겉뜨기 2 (각 단 총 54코) |
| 10~25단 | 겉뜨기 54 (총 54코) |
| 26단 | [겉뜨기 12, 겉뜨기 왼코 줄이기 1, 겉뜨기 11, 겉뜨기 왼코 줄이기 1]×2회 반복 (총 50코) |
| 27단 | [겉뜨기 11, 겉뜨기 왼코 줄이기 1, 겉뜨기 10, 겉뜨기 왼코 줄이기 1]×2회 반복 (총 46코) |
| 28단 | [겉뜨기 10, 겉뜨기 왼코 줄이기 1, 겉뜨기 9, 겉뜨기 왼코 줄이기 1]×2회 반복 (총 42코) |
| 29단 | [겉뜨기 9, 겉뜨기 왼코 줄이기 1, 겉뜨기 8, 겉뜨기 왼코 줄이기 1]×2회 반복 (총 38코) |
| 30단 | [겉뜨기 8, 겉뜨기 왼코 줄이기 1, 겉뜨기 7, 겉뜨기 왼코 줄이기 1]×2회 반복 (총 34코) |
| 31단 | [겉뜨기 7, 겉뜨기 왼코 줄이기 1, 겉뜨기 6, 겉뜨기 왼코 줄이기 1]×2회 반복 (총 30코) |
| 32단 | [겉뜨기 6, 겉뜨기 왼코 줄이기 1, 겉뜨기 5, 겉뜨기 왼코 줄이기 1]×2회 반복 (총 26코) |
| 33단 | [겉뜨기 5, 겉뜨기 왼코 줄이기 1, 겉뜨기 4, 겉뜨기 왼코 줄이기 1]×2회 반복 (총 22코) |
| 34단 | [겉뜨기 4, 겉뜨기 왼코 줄이기 1, 겉뜨기 3, 겉뜨기 왼코 줄이기 1]×2회 반복 (총 18코) |
| 35단 | [겉뜨기 3, 겉뜨기 왼코 줄이기 1, 겉뜨기 2, 겉뜨기 왼코 줄이기 1]×2회 반복 (총 14코) |

남아 있는 코에 실을 넣고 잡아당겨 구멍을 막아서 마무리합니다.

## 펼쳐뜨기로 시작하기

| | |
|---|---|
| 1단 | 코 만들기 54 |
| 2단 | [안뜨기 2, 겉뜨기 2]×13회 반복 — 안뜨기 2 (총 54코) |
| 3단 | [겉뜨기 2, 안뜨기 2]×13회 반복 — 겉뜨기 2 (총 54코) |
| 4~9단 | 2, 3단을 반복 (각 단 총 54코) ❶ |
| 10단 | 안뜨기 54 (총 54코) |
| 11단 | 겉뜨기 54 (총 54코) |
| 12~25단 | 10, 11단을 반복 (각 단 총 54코) |
| 26단 | [안뜨기 2코 모아뜨기 1, 안뜨기 11, 안뜨기 2코 모아뜨기 1, 안뜨기 12]×2회 반복 (총 50코) |
| 27단 | [겉뜨기 11, 겉뜨기 왼코 줄이기 1, 겉뜨기 10, 겉뜨기 왼코 줄이기 1]×2회 반복 (총 46코) |
| 28단 | [안뜨기 2코 모아뜨기 1, 안뜨기 9, 안뜨기 2코 모아뜨기 1, 안뜨기 10]×2회 반복 (총 42코) |
| 29단 | [겉뜨기 9, 겉뜨기 왼코 줄이기 1, 겉뜨기 8, 겉뜨기 왼코 줄이기 1]×2회 반복 (총 38코) |
| 30단 | [안뜨기 2코 모아뜨기 1, 안뜨기 7, 안뜨기 2코 모아뜨기 1, 안뜨기 8]×2회 반복 (총 34코) |
| 31단 | [겉뜨기 7, 겉뜨기 왼코 줄이기 1, 겉뜨기 6, 겉뜨기 왼코 줄이기 1]×2회 반복 (총 30코) |
| 32단 | [안뜨기 2코 모아뜨기 1, 안뜨기 5, 안뜨기 2코 모아뜨기 1, 안뜨기 6]×2회 반복 (총 26코) |
| 33단 | [겉뜨기 5, 겉뜨기 왼코 줄이기 1, 겉뜨기 4, 겉뜨기 왼코 줄이기 1]×2회 반복 (총 22코) |
| 34단 | [안뜨기 2코 모아뜨기 1, 안뜨기 3, 안뜨기 2코 모아뜨기 1, 안뜨기 4]×2회 반복 (총 18코) |
| 35단 | [겉뜨기 3, 겉뜨기 왼코 줄이기 1 , 겉뜨기 2, 겉뜨기 왼코 줄이기 1]×2회 반복 (총 14코) ❷ |

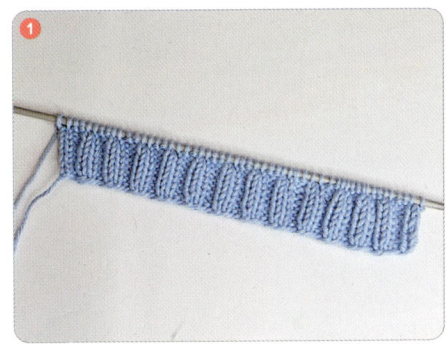

9단까지 완성한 모습

35단까지 완성한 모습

실을 적당히 자르고 ❸ 남아 있는 코에 실을 넣고 ❹ 잡아당깁니다 ❺.
옆면을 잘 맞추어 ❻ 돗바늘로 바느질하듯 꿰매어 ❼ 마무리합니다 ❽.

실을 넉넉하게 남기고 가위로 자릅니다.

남은 코에 실을 끼워

마무리합니다.

옆면을 잘 맞추어

바느질하듯 꿰매어

완성합니다.

1~10단의 헤드밴드 부분을 뜨개질하지 않고 처음부터 메리야스뜨기로만 뜨개질하면 끝부분이 돌돌 말리는 비니를 만들 수 있습니다.

수면사 등 털이 달린 실을 사용하여 만들면 구름처럼 몽실몽실한 털 비니를 만들 수 있습니다.

동물 귀를 달아 동물 비니도 만들어 보세요. 라벨을 그리거나 붙여 완성합니다.

🔗 Link  모자 동물 귀 215쪽

• LEVEL UP

> **Note** 모자 길이 비교하기

**분홍색 모자:** 머리가 작거나 이마가 좁은 인형에게 어울립니다. 210쪽의 메리야스뜨기 비니로 뜨개질하되, 단 개수를 줄여 뜨개질한 것입니다. 19단부터 코를 줄여서 짧게 뜨개질했습니다(총 28단).

**노란색 모자:** 헤드밴드가 있는 비니(ver. 메리야스뜨기) 도안에서 헤드밴드 부분을 뜨개질하지 않고, 처음부터 메리야스뜨기로만 만들었습니다. 기본 도안의 콧수와 단수를 그대로 따랐습니다. 가장 일반적인 사이즈입니다(총 35단).

**빨간색 모자:** 머리가 크거나 귀가 커서 수납이 어려운 인형들에게 착용할 수 있습니다. 204쪽의 기본 비니(고무뜨기)로 뜨개질한 모자입니다. 도안에서 제시하는 단 개수보다 더 늘려서 뜨개질했기 때문에 모자의 높이가 높습니다. 기본 도안의 2단~25단(겉뜨기와 안뜨기를 번갈아 뜨는 구간)을 30단까지 늘려 뜨개질했습니다(총 40단).

**LESSON 03**

# 모자에 붙이는 동물 귀

내 인형은 이미 동물이지만, 토끼도 될 수 있고 고양이도 될 수 있다고!
기본 비니에 달아서 고양이 귀와 토끼 귀를 만들어 보세요.

**READY**

**실:** 면 50g (약 160m) 2.5~3.0mm 바늘용
**게이지:** 28코×38단 (2.5~3.0mm 바늘, 10×10cm 메리야스 무늬)
**바늘:** 대바늘 3.0mm (3/0호)
**인형 사이즈:** 10cm 인형 (머리 둘레 19~21cm)

## HOW TO MAKE 고양이 귀

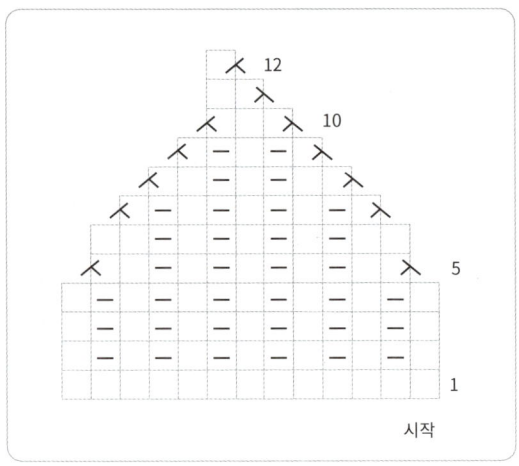

| | |
|---|---|
| 1단 | 코 만들기 13 |
| 2단 | [안뜨기 1, 겉뜨기 1]×6회 반복 — 안뜨기 1 (총 13코) |
| 3단 | [겉뜨기 1, 안뜨기 1]×6회 반복 — 겉뜨기 1 (총 13코) |
| 4단 | [안뜨기 1, 겉뜨기 1]×6회 반복 — 안뜨기 1 (총 13코) |
| 5단 | 겉뜨기 오른코 줄이기 1 — [겉뜨기 1, 안뜨기 1]×4회 반복 — 겉뜨기 1 — 겉뜨기 왼코 줄이기 1 (총 11코) |
| 6단 | 안뜨기 2 — [겉뜨기 1, 안뜨기 1]×4회 반복 — 안뜨기 1 (총 11코) |
| 7단 | 겉뜨기 오른코 줄이기 1 — [안뜨기 1, 겉뜨기 1]×3회 반복 — 안뜨기 1 — 겉뜨기 왼코 줄이기 1 (총 9코) |
| 8단 | 안뜨기 2코 모아뜨기 1 — [안뜨기 1, 겉뜨기 1]×2회 반복 — 안뜨기 1 — 안뜨기로 2코 모아뜨기 1 (총 7코) |
| 9단 | 겉뜨기 오른코 줄이기 1 — 안뜨기 1 — 겉뜨기 1 — 안뜨기 1 — 겉뜨기 왼코 줄이기 1 (총 5코) |
| 10단 | 안뜨기 2코 모아뜨기 1 — 안뜨기 1 — 안뜨기 2코 모아뜨기 1 (총 3코) |
| 11단 | 겉뜨기 오른코 줄이기 1 — 겉뜨기 1 (총 2코) |
| 12단 | 안뜨기 2코 모아뜨기 1 (총 1코) |

마지막 코에 실을 넣어 마무리하기

## HOW TO MAKE 토끼 귀

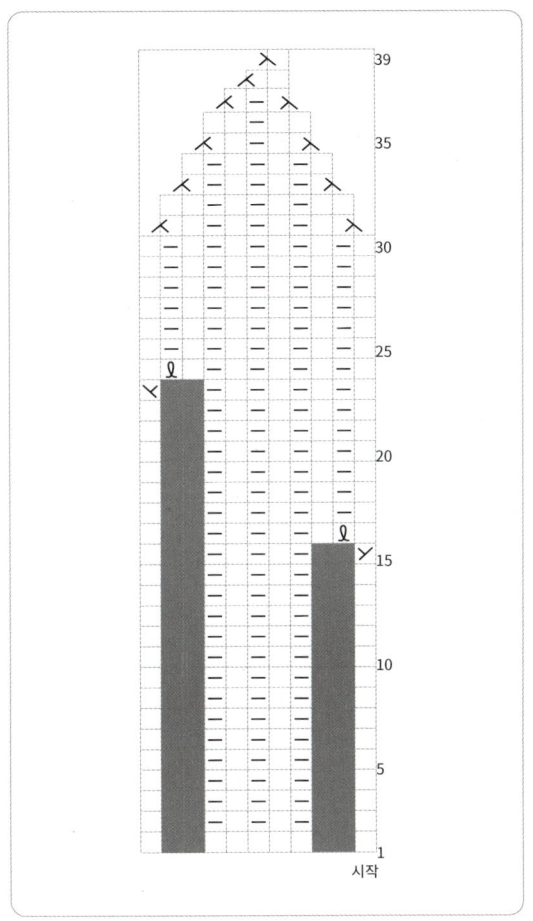

| 1단 | 코 만들기 7 |
|---|---|
| 2단 | [안뜨기 1, 겉뜨기 1]×3회 반복 — 안뜨기 1 (총 7코) |
| 3단 | [겉뜨기 1, 안뜨기 1]×3회 반복 — 겉뜨기 1 (총 7코) |
| 4~14단 | 2, 3단 반복 (총 7코) |
| 15단 | **왼코 늘리기 1** — [안뜨기 1, 겉뜨기 1]×3회 반복 (총 8코) |
| 16단 | [안뜨기 1, 겉뜨기 1]×3회 반복 — 안뜨기 1 — **끌어올려 겉뜨기로 늘리기 1** — 안뜨기 1 (총 9코) |
| 17단 | [겉뜨기 1, 안뜨기 1]×4회 반복 — 겉뜨기 1 (총 9코) |
| 18단 | [안뜨기 1, 겉뜨기 1]×4회 반복 — 안뜨기 1 (총 9코) |
| 19~22단 | 17, 18단 반복 (총 9코) |
| 23단 | [겉뜨기 1, 안뜨기 1]×4회 반복 — **오른코 늘리기 1** (총 10코) |
| 24단 | 안뜨기 1 — **끌어올려 겉뜨기로 늘리기 1** — [안뜨기 1, 겉뜨기 1]×4회 반복 — 안뜨기 1 (총 11코) |

| | |
|---|---|
| 25단 | [겉뜨기 1, 안뜨기 1]×5회 반복 — 겉뜨기 1 (총 11코) |
| 26단 | [안뜨기 1, 겉뜨기 1]×5회 반복 — 안뜨기 1 (총 11코) |
| 27~30단 | 25, 26단 반복 (총 11코) |
| 31단 | 겉뜨기 오른코 줄이기 1 — [겉뜨기 1, 안뜨기 1]×3회 반복 — 겉뜨기 1 — 겉뜨기 왼코 줄이기 1 (총 9코) |
| 32단 | 안뜨기 2 — [겉뜨기 1, 안뜨기 1]×3회 반복 — 안뜨기 1 (총 9코) |
| 33단 | 겉뜨기 오른코 줄이기 1 — [안뜨기 1, 겉뜨기 1]×2회 반복 — 안뜨기 1 — 겉뜨기 왼코 줄이기 1 (총 7코) |
| 34단 | [안뜨기 1, 겉뜨기 1]×3회 반복 — 안뜨기 1 (총 7코) |
| 35단 | 겉뜨기 오른코 줄이기 1 — 겉뜨기 1 — 안뜨기 1 — 겉뜨기 1 — 겉뜨기 왼코 줄이기 1 |
| 36단 | 안뜨기 2 — 겉뜨기 1 — 안뜨기 2 |
| 37단 | 겉뜨기 오른코 줄이기 1 — 안뜨기 1 — 겉뜨기 왼코 줄이기 1 |
| 38단 | 안뜨기 2코 모아뜨기 — 안뜨기 1 |
| 39단 | 겉뜨기 왼코 줄이기 1 |

마지막 코에 실을 넣어 마무리하기

### Skill 왼코 늘리기

왼코 늘리기는 겉뜨기로 뜨개질한 이전 코의 왼쪽에 있는 실을 끌어올려 새로운 코를 만드는 뜨개질 방법입니다. 늘려뜨기하는 방향에 따라 무늬가 다르게 나오니 잘 계산해야 합니다.

첫 번째 코를 겉뜨기한 후,

표시된 코를 끌어 올려 코를 늘려 봅시다.

사진과 같이 왼쪽에 있는 코를 오른쪽 바늘에 걸어,

왼쪽 바늘로 옮깁니다. 뜨개질할 코를 늘린 모습

늘린 코에 겉뜨기를 합니다.

왼코를 늘린 모습

### Skill 오른코 늘리기

오른코 늘리기는 겉뜨기로 뜨개질한 이전 코의 오른쪽에서 실을 끌어올려 새로운 코를 만드는 뜨개질 방법입니다.

오른쪽 바늘로 표시한 부분의 코를 끌어올립니다.

오른쪽 바늘로 끌어올린 코를

왼쪽 바늘로 옮깁니다.

겉뜨기합니다.

코를 늘린 모습

마지막 코까지 뜨개질하면 코가 늘어난 모습이 보입니다.

### Skill 끌어올려 겉뜨기로 늘리기

오른코 늘리기와 비슷해 보이지만 끌어올리는 실의 위치가 다릅니다. 오른코 늘리기는 바로 이전 단계에 뜨개질한 코(겉뜨기)의 오른쪽에서 실을 끌어오는 것이고, 끌어올려 늘리기에선 이전 단계(안뜨기)에 뜨개질한 코가 아닌 그 아래쪽 실을 끌어올리는 방법입니다.

표시된 코를 끌어 올려서

오른쪽 바늘에 살짝 끼우고

왼쪽 바늘에 옮깁니다.

이 상태에서 겉뜨기를 하면

1코가 늘어납니다.

## 함께한 인형

### 깜애옭 & 비럴피치옭

**디자인:** 사쿠 @ds_0ij
**제작:** 깜애옭 @kkamaeorkk

### 치타리

**디자인 및 제작:**
치타리 @cheetah_lee_

### 직냥이

**디자인 및 제작:**
찍이 @galgyo2

### 순랑이

**디자인 및 제작:**
SATURDAYING @Saturdaying615

### 겸도그

**디자인 및 제작:**
겸도그 @ DKdoggy0218

### 절미슈

**디자인 및 제작:**
말랑방앗간 @mallang_mill

### 솔표

**디자인 및 제작:**
솔표 @LeopardChew

### 냥러

**디자인 및 제작:**
꼼러@KKOMLELE

### 준묘

**디자인 및 제작:**
준묘와 잇묘 @ Jun_and_It

## 함께한 인형

### 징구킹

디자인 및 제작:
SMtown & store

### 똘병

디자인 및 제작:
SMtown & store

### 탐탐이

디자인 및 제작:
HYBE

### 미니미네/미니핑크미네

디자인 및 제작:
무속성 미네 @som_mine

### 모루 인형 1 & 2

인스타그램:
@_moi_iom

### 모루 인형 3

디자인 및 제작:
19년지기 친구의 선물!

사진의 일부는 **Bittersweet** 스튜디오에서 촬영했습니다.
https://bittersweet-boutique.shop

## 찾아보기

### 숫자
2sc in 1st  028
3hdc in 1st  111

### C~K
Cast Off  195
Chain Stitch  024
Double Crochet  026
Half Double Crochet  027
K2tog  196
Knit - k  192

### M~T
Magic Ring  025
P2tog  197
Purl - p  193
Rib Stitch  194
Sc2tog  135
Single Crochet  024
Slip Stitch  028
Ssk  196
Stocking Stitch  194
Treble Crochet  079

### ㄱ
가슴판  127
가위  020, 029
갈고리  020, 022
강아지 귀  097
개구리 눈  165
개구리 우비  045
겉뜨기  192
겉뜨기 오른코 줄이기  196
겉뜨기 왼코 줄이기  196
게이지  022, 033, 189
고깔모자  143
고무뜨기  194, 204
고양이 귀  096, 216
고양이 모자  033
과일 가방  133
과일 꼭지  026, 089
과일 헤어 밴드  135
과일 헬멧  061
귀도리  047, 086
귀마개  050
귓구멍이 없는 밴드  048
귓구멍이 있는 밴드  049
그림 도안  030, 198
기둥사슬  025
기둥코  024, 025, 146
기본 보닛  181
기본 비니  203
기본 원피스  110
기본 케이프  040
기초코  024
긴뜨기  027
긴뜨기 2코 모아뜨기  076
긴뜨기 3코 늘려뜨기  111
긴 티셔츠  128
꽃받침  080
꽃잎  026
꽃잎 모자  078, 085
끈뜨기  081, 139, 140
끌어올려 겉뜨기로 늘리기  219

### ㄷ
단추  106
단춧구멍  106
대바늘  189
데이지 보닛  186
도넛  167
도토리 가방  139
돗바늘  020, 037, 051, 171
동물 귀  070, 215
동물 귀 모자  157
동물 비니  213
동물 인형  015, 016
동물 헬멧  062
두길긴뜨기  079
뒤걸어뜨기  067, 069, 177
뒤이랑뜨기  086, 115, 141
드레스 소매  113
똑딱이 단추  061
뜨개질 재료  020
뜨개코  020

### ㄹ
레이스용 코바늘  021
레이스 케이프  042
리본  019

## 찾아보기

**ㅁ**

매직링 025
머리 둘레 038
메리야스뜨기 194, 210
메이드복 118, 129
멜빵바지 126
모자 065
모자 끈 086
모자 만들기 알고리즘 066
문어 가방 141
문어 모자 087
문어 우비 045
밀짚 모자 086, 115

**ㅂ**

반짝이는 보닛 186
방울 152
배색 038
벙거지 스타일 챙 066
벙거지 챙 070, 085, 162
베스트 104
벨트 105
병아리 우비 045
볼캡 챙 071, 085, 162
부자재 044
불가사리 015, 017, 018, 120
비즈 044, 118
빼뜨기 028
빼뜨기로 연결 028

**ㅅ**

사각 비니 033, 199
사람 인형 015, 017, 018
사슬뜨기 024
사슴뿔 098
사이즈 016
사이즈 오차 189
산타 모자 151
산타 모자 챙 151
산타 의상 105
생일 축하 모자 154
소매 117
솜 142
수면사 152, 202, 213
수박 가방 137
수박 껍질 136
수영복 130
실 020
실 잡기 023
실타래 023
심플한 도넛 172
심플한 실루엣 114

**ㅇ**

아이스크림콘 153
안뜨기 193
안뜨기 2코 모아뜨기 197
앞걸어뜨기 067, 072, 150, 177
앞이랑뜨기 086, 115
액세서리 133

양면바늘 189
오른코 늘리기 219
올인원 수트 129
왼코 늘리기 218
우비 모자 085
우아한 드레스 112
우주복 121
원통뜨기 204, 210
원피스 109
원형코 025
웨딩드레스 118
이랑뜨기 115
인형 장식 스탠드 167
잎사귀 090, 091
잎사귀 케이프 179

**ㅈ**

작은 인형 046
잭 오 랜턴 우비 046
점보 코바늘 021
줄기 080
줄무늬 086, 202
줄바늘 189
줄자 016, 019
짧은뜨기 024
짧은뜨기 2코 넣어뜨기 028
짧은뜨기 2코 늘려뜨기 028
짧은뜨기 2코 모아뜨기 135

223

## 찾아보기

**ㅊ**
챙   038
철사   015
체인   142
치마   026
치마 길이   112
치맛단   114

**ㅋ**
카디건   101, 108
카디건 단추   106
칼라   130
케이프   039
케이프 끈   041
코막기   195
코 만들기   023, 191

코바늘 기법   029
코바늘 뜨개   020
콘   153
크로스 가방끈   140
크림 도넛   168
큰 인형   108, 131
키링   142
키링 고리   133

**ㅌ**
토끼 귀   097, 163, 217
튜브   173

**ㅍ**
팔다리   016
펼쳐뜨기   208, 211

프릴   114

**ㅎ**
하트 장식   052
한길긴뜨기   026
한길긴뜨기 5코 늘려뜨기   043
해바라기 꽃잎   080
해바라기 보닛   183, 184
햄스터 귀   165
헬멧   053, 054, 058
홍학 머리와 목   174
홍학 부리   174
홍학 튜브   174
화분   175, 176
화분 안쪽 흙   178
후드 점퍼   107

---

### 진솔한 서평을 올려 주세요!

이 책 또는 이미 읽은 제이펍의 책이 있다면, 장단점을 잘 보여주는 솔직한 서평을 올려 주세요.
매월 최대 5건의 우수 서평을 선별하여 원하는 제이펍 도서를 1권씩 드립니다!

- **서평 이벤트 참여 방법**
  ❶ 제이펍 책을 읽고 자신의 블로그나 SNS, 각 인터넷 서점 리뷰란에 서평을 올린다.
  ❷ 서평이 작성된 URL과 함께 review@jpub.kr로 메일을 보내 응모한다.

- **서평 당선자 발표**
  매월 첫째 주 제이펍 홈페이지(www.jpub.kr)에 공지하고, 해당 당선자에게는 메일로 연락을 드립니다.
  단, 서평단에 선정되어 작성한 서평은 응모 대상에서 제외합니다.

독자 여러분의 응원과 채찍질을 받아 더 나은 책을 만들 수 있도록 도와주시기 바랍니다.